中国历代状元文章精粹

高杉峻 / 编

苏州新闻出版集团
古吴轩出版社

图书在版编目（CIP）数据

中国历代状元文章精粹 / 高杉峻编. -- 苏州：古吴轩出版社，2025. 1. -- ISBN 978-7-5546-2487-6

Ⅰ. D691.46

中国国家版本馆CIP数据核字第2024G8K926号

责任编辑：张雨蕊
见习编辑：李碧瑶
装帧设计：天下书装

书　　名：	中国历代状元文章精粹
编　　者：	高杉峻
出版发行：	苏州新闻出版集团
	古吴轩出版社
	地址：苏州市八达街118号苏州新闻大厦30F
	电话：0512-65233679　　邮编：215123
出 版 人：	王乐飞
印　　刷：	北京君达艺彩科技发展有限公司
开　　本：	710mm×1000mm　1/16
印　　张：	13.5
字　　数：	191千字
版　　次：	2025年1月第1版
印　　次：	2025年1月第1次印刷
书　　号：	ISBN 978-7-5546-2487-6
定　　价：	59.00元

如有印装质量问题，请与印刷厂联系。010-64757855

前言

科举制在中国古代漫长的封建社会中是极为重要的社会制度,从隋朝创立到清光绪年间废除,科举制在中国历史上存在了一千三百多年。我们的祖先不仅创造了考试这一选拔人才的方法,更在世界上率先建立了全国统一的考试制度。从社会学角度来说,科举制的影响与意义可与"四大发明"相媲美。

科举制的精髓在于其自由报考的政策、严谨的考试管理规则和以考试成绩为主要依据的选拔机制,它甚至被认为是封建时代所能采取的最公平的人才选拔形式。时至今日,现代文官选拔制度仍继承了科举制的丰富基因。

虽然宋代以后,尤其是明清八股取士后,科举制日益僵化,逐渐违背了其选拔贤能的初衷。但是,科举制下的"状元及第"无疑是当时莘莘学子梦寐以求的理想,许多人才也正是通过科举脱颖而出,成为国家的栋梁。那些文采斐然、思想深邃的文章,更见证了无数学子寒窗苦读的辛劳和一朝成才的喜悦。

本书以科举制中的塔尖"殿试"为切入点，通过回顾历朝历代具有代表性的状元文章，来窥探科举制的发展历程。全书以朝代为序，将优秀的状元文章汇编成册，并辅以状元人物介绍和取士情况介绍，以帮助读者阅读。在汇编状元文章时，编者对繁体字进行了简化，并用现代标点符号进行句读，以便读者阅读和鉴赏。因状元文章时间跨度极大、文字变化复杂，加上编者水平和时间所限，书中如有纰漏之处，敬请广大读者批评指正。

目录

唐 1

光宅二年（685）乙酉科　　状元：吴师道 2
永昌元年（689）己丑科　　状元：张柬之 7
开元二年（714）甲寅科　　状元：李昂 12
贞元七年（791）辛未科　　状元：尹枢 14
贞元八年（792）壬申科　　状元：贾棱 17
开成二年（837）丁巳科　　状元：李肱 20

宋 23

咸平五年（1002）壬寅科　　状元：王曾 24
天圣二年（1024）甲子科　　状元：宋庠 26
元丰五年（1082）壬戌科　　状元：黄裳 29
绍兴二年（1132）壬子科　　状元：张九成 36
绍熙四年（1193）癸丑科　　状元：陈亮 50
宝祐四年（1256）丙辰科　　状元：文天祥 57

元 73

泰定元年（1324）甲子科　　状元：张益 74

元统元年（1333）癸酉科（一）　状元：同同 78

明 83

永乐四年（1406）丙戌科　　状元：林环 84

永乐十年（1412）壬辰科　　状元：马铎 90

正统十三年（1448）戊辰科　状元：彭时 95

天顺四年（1460）庚辰科　　状元：王一夔 101

成化二年（1466）丙戌科　　状元：罗伦 107

成化十七年（1481）辛丑科　状元：王华 120

成化二十三年（1487）丁未科　状元：费宏 127

嘉靖二十六年（1547）丁未科　状元：李春芳 136

隆庆二年（1568）戊辰科　　状元：罗万化 144

清 153

顺治十六年（1659）己亥科　状元：徐元文 154

顺治十八年（1661）辛丑科　状元：马世俊 159

康熙三年（1664）甲辰科　　状元：严我斯 164

康熙六年（1667）丁未科　　状元：缪彤 169

康熙九年（1670）庚戌科　状元：蔡启僔 174

康熙十二年（1673）癸丑科　状元：韩菼 179

雍正元年（1723）癸卯恩科　状元：于振 184

乾隆四十五年（1780）庚子恩科　状元：汪如洋 189

光绪二十年（1894）甲午恩科　状元：张謇 194

光绪三十年（1904）甲辰恩科　状元：刘春霖 200

光宅二年（685）乙酉科　状元：吴师道

吴师道

吴师道，生活在唐高宗至玄宗时期，字号、生卒年均不详，河北邺县（今河北临漳）人，获武则天光宅二年（即垂拱元年，公元685年）状元。考取状元后，吴师道入仕，于太极元年（公元712年）任银青光禄大夫、检校秘书监，于开元年间历任司勋、仓部员外郎、户部郎中。

取士情况

吴师道及第时正值武则天废帝，这是她独掌大权后举行的第一次策试。光宅二年（公元685年）正月，身为皇太后的武则天将光宅年号改为垂拱。此时已经临朝称制的武则天刚平定徐敬业叛乱，又借机清除了一批反武官员，完全把持了朝政。此次策论策题的主题除去革新吏治，主要是为她自己的执政"辩护"，尤其是殿试题中的"三微递代""五运因循"等指向性十分明显，甚至有改朝换代的思想所指。然而从武则天钦点的状元卷评语

"略观其策，并未尽善"等看，诸考生在"三微递代""五运因循"等话题上的应答并不合武则天心意。此次殿试由于当年的改元情况，也有称为垂拱元年乙酉科。

本科取士22人，再录5人。

殿试策问

问：欲使吏洁冰霜，俗忘贪鄙，家给人足，礼备乐和，庠序交兴，农桑竞劝。善师期于不阵，上将先于伐谋。未待干戈，遽清金庭之祲；无劳转运，长销玉塞之尘。利国安边，伫闻良算。明言政要，朕将亲览。（第一道）

问：朕闻运海抟扶，必藉垂天之羽；乘流击汰，必伫飞云之楫。是知席萝黄屋，握镜紫微，诚资献替之功，必待弼谐之助。所以轩辕抚运，遂感大风之祥；伊帝乘时，遽致秋云之兆。朕虽惭古烈，而情切上皇，未校滋泉之占，犹虚傅野之梦。欲使岁星入仕，风伯来朝，河荐萧张之名，山降申甫之佐。垂衣伫化，端拱仰成。多士溢于周朝，得人过于汉日。行何政道，可以至斯？思闻进善之言，以副求贤之旨。（第二道）

问：朕闻明王阐化，感人灵之心。圣后宣风，移动植之性。遂使翔龙荐检，鸣凤司晨，兽解触邪，草能指佞。仰惟前烈，何德而臻此乎？朕逖听遂初，载钦神化，每欲反斯菅薄，景彼上皇。欲使瑞蓂司庖，仙蕢候月，游四灵于翠苑，集五老于荣河。致此休征，良由政感。伫闻启沃，以副虚襟。（第三道）

问：朕闻三微递代，哲后所以承天。五运因循，明王由之革命。或金水而鳞次，应火木以还周；或寅子变正，天人之统斯辨。骊骍改色，昏旦之用有殊。兹乃涣汗图书，昭彰历数。受位出震，以迄于今，莫不母子相承，终始交际。然而都君土德，翻乃尚青；天乙水行，宁宜用白？深明要旨，其义何从？若以秦氏霸基，便有符于紫色，则魏人鼎足，岂复应于黄星？缅镜前修，又以矛盾。张苍之议，既颇反于公孙；贾傅之谈，复远乖于刘向。子大夫学包群玉，文擅锵金。既听南史之篇，方伫东堂之问。详敷事实，靡得浮词，商榷前儒，谁为折衷。（第四道）

问：朕以紫极暇景，青史散怀。眇寻开辟之源，遐览帝王之道。或载纪遥邈，无其处而有其名；或坟籍丧亡，有其号而无其事。将求故实，以仵多闻。至如化被柱州，创基刑马。两代之事谁远？五德之运何承？石楼之都，见匪均霜之地；穷桑之壤，元非测景之区。时将城彼偏方，惟一隅而独王。轻兹中土，弃九洛而不营。大夏之时，化臻禁甲；隆周之日，道致韬戈。而七十一征，翻在凤凰之运；五十二战，更属云官之期。斯则偃伯之人，无闻于太古；推锋之弊，反息于中叶。浇淳之道，名实何乖！欲令历选前圣，远稽上德。采文质之令猷，求损益之折衷。何君可以为师范？何代可以取规绳？迟尔昌言，以沃虚想。（第五道）

状元殿试卷

臣闻栖培塿者，不睹嵩泰之干云；游汀漾者，讵识沧溟之沃日？臣蒿莱弱质，衡泌鲰生。未识广厦之居，安知太牢之味？不量蕞尔，轻纵裒然；谬达天聪，兢惶圣问。粤惟皇家出震，累叶重辉。天人归七百之期，宗祧联亿兆之庆。太宗以明一察道，括珠囊而总万方。高宗以通三御宸，转金镜而清九服。用能肃清天步，夷坦帝途。垂莫大之鸿基，托非常之元圣。伏惟皇太后陛下，道超炼石，化轶扪天。被子育之深仁，弘母仪之博爱。星阶已正，尚虽休而勿休；宸极既安，犹损之而又损。方欲还淳返朴，振三古之颓风；缉政苍生，降四海之昌运。拔幽滞，举贤良，黜谗邪，进忠谠。故得鸿稽接轸，和宇宙之阴阳；龙武分曹，节风雨之春夏。礼乐备举，学校如林。俗知廉让之风，人悦农桑之劝。犹复旁求谠议，虚伫刍荛。既属对扬，敢陈庸瞽。诚愿察洗帻布衣之士，任以台衡；擢委金让玉之夫，居其令守。则俗忘贪鄙，吏洁冰霜矣。旌好学之流，赏力田之伍，则家罕贫惰，位列文儒矣。降通亲之使，喻彼枭心；发和戎之官，收其鸡肋。则四夷左衽，颠倒来王；三边元恶，讴谣仰化矣。自然笼羲驾昊，六五帝而四三皇。远肃迩安，飞英声而腾茂实。**谨对。**（第一道）

臣闻立极膺乾之君，当宁御坤之主，欲臻至道，将隆景化，莫不旁求俊彦，广命英奇。凝庶绩以安人，绥万邦而抚俗。是故轩邱膺箓，委四监以垂衣；丹陵握图，举八元而光宅。于是齐桓拟之于飞翼，殷武兴之以羹梅。克赞人谋，实宣神化。陛下功包邃古，道逸上皇，授受惟明，谋谟克序。弼辅之任，总风力于前驱；燮理之司，列伊周于后乘。振鹭翔鸾之客，毕凑天阶；乘箕降昴之英，咸趋日路。犹且虚心卜兆，托想旁求，冀山谷之无遗，庶贤良之毕萃。俯访愚鲁，敢述明扬。诚愿发德音，下明诏，咨列岳，访群公。举尔所知，不遗于侧陋；知人不易，无轻于慎择。下僚必录，上赏频沾，则叶县游龙，自九天而下降，燕郊骏马，赴千金而遥集。汉未为得，周岂能多？尽善尽美，于斯为盛。**谨对。**（第二道）

臣闻化洽乾枢，景纬呈其灵贶；泽周坤络，卉木效其祯祥。是以若雾非烟，必应文明之后；九茎三秀，允符光宅之君。陛下应期纳箓，抚运登皇，孝道格于玄穹，仁心光于紫极。自临万域，辑御群方，灵瑞屡臻，休征荐至。五蹄仁兽，乐君囿而来游；六象威禽，拂帝梧而萃止。岂直银黄玉紫，雉白乌丹，翻鄗上之二稃，拔江间之三脊。固亦巡河受检，拜洛披图，降五老于星躔，归四神于云路。盛矣美矣！巍乎焕乎！蹢三五以腾徽，吞八九而高视。尚且崇谦让之道，守冲挹之德，抑斯天瑞，访此人谋。陛下虽不宰其成功，微臣亦不知其所谓。**谨对。**（第三道）

臣闻方圆既阙，帝王斯建。四游将六气交驰，五德与三微递变。自摄提著纪，出震登皇，循木火而相承，用骊骤而继作。虽复武功文德，揖让干戈，御旒扆以高居，握图箓而深视，莫不垂天人之统，顺寅子之正。始终之际，何莫由斯。暨乎运偶都君，时云土德，道钟天乙，数叶水行。子胜母而尚青，母生金而尚白。略言其美，斯穷奥旨。至若秦居闰位，紫实非正之符；魏得中区，黄标应星之纪。未有矛盾，允惬随时。汉祖承天，人多异议。张苍言水而黑眚方兴，公孙据土而黄龙复应。逮二刘之父子，推五运之相沿，较彼前谈，斯为折衷。臣学非博古，识昧知新，轻陈管穴之窥，猥奉天人之问。惭惶靡地，悚越兼深。**谨对。**（第四道）

臣闻一剖为三，始鸿蒙于太易。九变于七，渐茫昧于无为。既分清浊之仪，乃列君臣之位。则有天皇首出，瞰柱州而宅土；地皇革命，俯刑马以开都。年匪异于万八千，号稍殊于七十二。既云木德，亦曰火行。开于天地之初，录自帝皇之纪。至若石楼远界，穷桑延壤，非万邦之土中，为二代之天邑。斯乃时犹毂饮，道尚鹑居，谁知风雨之均，能建皇王之宅。亦分长于九域，岂独王于偏方。乃观象垂衣，化穆羲轩之代；剪商伐扈，人浇周夏之年。而皇德方隆，未弭战争之患。王道才著，复存韬偃之日。是则怀柔伐叛，取乱侮亡，虽钟大道之行，终伫胜残之战。是政劣于太古，非事优于中代。陛下选芳列辟，垂范千年，王化既平，能事斯毕。亦何必损益今辰之政，师谟往圣之规。抚和琴而促柱，御夷途而止辙，因循勿失，臣谓其宜。**谨对。**（第五道）

皇太后御批——唐天顺圣皇太后武则天：

略观其策，并未尽善。若依令式，及第者惟只一人。意欲广收其材，通三者并许及第。

永昌元年（689）己丑科　状元：张柬之

张柬之

张柬之（公元625年—公元706年），字孟将，襄州襄阳（今湖北襄阳）人，获武则天永昌元年（公元689年）贤良方正科状元。张柬之自幼便饱读经书，此次殿试前，就曾在科举中荣获进士。但官运不济，无处施展才华。

张柬之此次以进士之身应试，高中状元，也极大地改善了其官宦生涯。此后他历任监察御史、凤阁舍人、秋官侍郎等职，最终位极人臣，成为武氏周朝和唐中宗朝的宰相。武则天称帝后，张柬之致力于恢复李唐神器，直到神龙元年（公元705年），趁武则天身体抱恙时，发动政变，杀掉武则天宠臣张易之、张昌宗兄弟，并逼迫她改周为唐。他因为复唐有功，被唐中宗重用，并封为汉阳郡王。

然而张柬之并没有彻底扫除武氏在朝堂中的势力，反倒在武三思排挤下被贬为新州司马，含恨而死，享年82岁，谥文贞。有《张柬之集》十卷。

取士情况

永昌元年（公元689年），武则天正准备废唐建周，需要大量人才。除去进士科取8人外，又开贤良方正、明堂大礼二科。根据唐朝的惯例，凡进士都可以参加诸科考试。

张柬之参加了贤良方正科的考试，当时对答策问一千余人，最初发榜时，张柬之并未上榜。然而武则天认为主考官取士太少，另命中书舍人刘允济重考下第诸人，结果张柬之一举夺魁，留下了"自下第升甲科，为天下第一"的科举佳话。最终，贤良方正科的前三名定为张柬之、孔季诩、林元泰。

张柬之正是在贤良方正科中状元后，受到武则天的赏识，最后成为宰相。

策问

问：朕闻体国经野，取则于天文；设官分职，用力于人纪。名实相副，自古称难，则哲之方，深所不易。朕以薄德，谬荷昌图，思欲追逸轨于上皇，拯群生于季俗，澄源正本，式启惟新。俾用才委能，靡失其序，以事效力，各得其长。至于考课之方，犹迷于去取；黜陟之义，尚惑于古今。未知何帝之法制可遵，何代之沿革斯衷？此虽戈戈束帛，每贲于丘园；翘翘错薪，未获于英楚。并何方启塞，以致于兹？伫尔深谋，朕将亲览。（第一道）

问：朕闻轨物垂训，必随正于因生；开国承家，理崇光于敦本。故七叶貂珥，表金室之荣；十纪羽仪，峻班门之躅。保姓受氏，义先于睦亲；翼子谋孙，事隆于长发。朕以寡昧，叨奉先灵，坠典咸新，遗章必睹。思欲甄明谱系，澄汰簪裾，派别淄、渑，区分士、庶。至如陈、田互出，虢、郭俱开，束晳改汉传之宗，辅果易晋卿之号。巨君之姓，曾非驭鹤之苗；

元海之家，谅非扰龙之族。永言纰缪，良用怃然。子大夫十室推英，三冬富学，允迪褎然之举，宜扬锵尔之词。至若北郭、南宫，本因何义？三乌、五鹿，起自何人？公孙之由，司马之姓，咸加辨析，且显指归。式副对扬，朕将亲览。（第二道）

状元殿试卷

臣闻仲尼之作《春秋》也，法五始之要，正王道之端，微显阐幽，昭隆大业，瀍、洛之功既备，范围之理亦深。伏惟陛下，受天明命，统辑黎元。载黄屋，负黼扆，居紫宫之邃，坐明堂之上。顺阳和以布政，摄三吏而论道，雍容高拱，金声玉振，征求无厌，误及斯贱。微臣材朽学浅，诚不足以膺严旨，扬天休。虽然，敢不尽刍荛，罄狂瞽，悉心竭节，昧死上对。

臣闻天者，群物之祖。王者受命于天，故则天而布列职。天生蒸人，树之君长，以司牧之。自非聪明睿哲，齐圣广深，不能使人乐其生，家安其业。陛下德自天纵，慈悯元元，既乐其生，且安其业。臣闻瑞者，上天所以申命人主也。故使麒麟游于囿，凤皇集于庭，庆云出，神龙见。其余草木烟露之祥，不可胜纪。陛下日慎一日，虽休勿休，故天申之以祯石，告之以神文。大矣哉！圣人之鸿业也。

臣闻《河图》《洛书》之不至也久矣。孔子曰："凤鸟不至，河不出图，吾已矣夫！"师说曰："圣人自伤己有能致之资，而天不致也。"陛下有能致之资而天蕴者，所以扶助圣德，抚宁兆人也。臣观今朝廷含章赡博之士，鲠言正议之臣，陛下诱而进之，并践丹地，伏青规，颙颙昂昂，云属雾委，鸾骞凤振，佩金鸣玉，曳珠绂，扬翠绶，充牣于阶庭者矣。昔舜举十六相，去四凶人，有大功二十，而为天子。前史美之，称曰尽善尽美。虽甚盛德，无以加此。陛下彰善去恶，昭德塞违，万万于虞舜。自托薄德，愚臣何足以望清光，而敢有议哉！

制策曰："思欲追逸轨于上皇，拯群生于季俗，澄源正本，式启惟新。"臣闻善言古者，必考之于今；善谈今者，必求之于古。臣窃以当今之务而稽之往古，以往古之迹而比之当今，以为三皇神圣，其臣不能及。故于阙见之，陛下刊列格，正爱书，修本业，著新诫，建总章以申严配，置法甀以济穷冤，此前圣所不能为，非群臣之所及也。今朝廷之政，上令下行，如身之使臂，臂之使手，百僚师师，罔不咸乂。此群臣之所能奉职也。《书》曰："元首明哉，股肱良哉，庶事康哉。"故臣以为陛下有三皇之位，而能隆三皇之业也。臣以今之刺史，古之十二牧也。今之县令，古之百里君也。有官联焉，有社稷焉，可谓重矣。任非其材，其害亦重矣。昔周宣王欲训其人，问于樊仲曰："吾欲训人，诸侯谁可者？"仲曰："鲁侯肃恭明神，敬事耆老，必咨于故实，问于遗训。"乃立之。晋之名臣亦言，舍人、洗马，一时之高选，台郎、御史，万邦之俊哲。若出于宰牧，颂声兴矣。由此言之，则古牧州宰县者，不易其人也。自非惠训不倦，动简天心者，未可委以五符之重，百里之寄。今则不然多矣。门资擢授，或以勋阶苾职，莫计清浊，无选艺能。负违圣诫，安肯肃恭明神？轻理慢法，安肯敬事耆老？取舍自便，安能求之故实？举措纵欲，安能问之遗训？异一时之高材，非万邦之俊杰。于是多其仆妾，广其资产，齿角两兼，足翼双备，蹈瑕履秽，不顾廉耻，抵网触罗，覆车相次。孔子曰："既得之，患失之。苟患失之，无所不至矣。"故臣以为陛下有三皇之人，无三皇之吏也。

制策曰："俾用才委能，靡失其序，以事效力，各得其长。至于考课之方，犹迷于去取；黜陟之义，尚惑于古今。未知何帝之法制可遵，何代之沿革斯衷？"臣闻皇王之制，殊条共贯，虽有改制之名，无不相因而立事。孔子曰："殷因于夏礼，所损益可知也。周因于殷礼，所损益可知也。其或继周者，虽百代可知也。"然则虞帝之三考黜陟，周王之六廉察士，虽有沿革，所取不殊，期于不滥而已。陛下取人之法甚明，考绩之规甚著。臣以为犹舟浮于水，车转于陆，虽百王无易也。今丘园已贲，英楚云集，启塞

之路，岂愚臣所能轻云也？**谨对**。（第一道）

臣闻保姓受氏，明乎典训。或因地以赐姓，或因官而受氏。或官以代功，亦以官族。或所居之地，因以为氏。诸侯之子称为公子，公子之子称为公孙，公孙之子乃以其王父字为氏。后代因之，亦以为姓。田、陈、虢、郭，以声近而遂分；辅果、束皙，以避难而更改。王莽以田王为氏，元海因汉甥立族。骚括分南北之号，充宗为五鹿之先。应氏著书，具表三乌之始。司马、司徒，是曰因官。公孙、叔孙，《春秋》备载。陛下尽六艺之英，穷百代之要，淑问扬天地，元情贯幽显。黄竹清歌，词穷五际。白云高唱，文苞万象。昔曹门二祖，道愧由庚；刘氏四叶，仁非解愠。岂若睿思琼敷，同雨露之沾渐；神机苕发，等曦望之照临。起帝典而孤立，孕皇坟而独秀。臣沐浴淳和，叨承至训，名闻于圣听，言奏于阙前。**谨对**。（第二道）

开元二年（714）甲寅科　状元：李昂

李昂

　　李昂，生卒年、字、号均不详，陇西成纪（今甘肃天水）人，擅长诗词，获唐玄宗开元二年（公元714年）甲寅科状元。及第后，历监察御史、殿中侍御史等职。开元二十四年（公元736年）任考功员外郎，担任当年殿试主考官。当时科举考场请托、舞弊的现象频繁，李昂主张公平取士，但遭到进士李权的报复。李昂曾有诗句："耳临清渭洗，心向白云闲。"李权拿"洗耳"（尧年老时，把首领的职位禅让给许由，许由听到后洗耳表示这样的消息污染了耳朵）做文章，攻击李昂。经过此事，唐玄宗认为，考功员外郎位卑言轻，不足以服众，遂以礼部侍郎主持考试。

取士情况

　　开元二年（公元714年）进士科考试时，唐代杂文第一次确定以八字为韵脚。考场上的李昂行文流畅，文辞雄劲有力，韵脚精确。当时的考官王邱读完全文，赞叹不已，推举李昂为进士科状元。

据《玉芝堂谈荟》中记载，此次甲寅科状元并非李昂，而是孙逖。孙逖（约公元695年—公元761年），潞州涉县（今河北涉县）人，另说博州（今山东聊城）人。

本科取士17人。

殿试题

旗赋　以"风日云野，军国清肃"为韵

状元殿试卷

旗赋

遐国华之容卫，谅兹旗之多工。文成日月，影灭霜空。乍透迤而挂雾，忽摇曳以张风。徘徊惊鸟，飞天断鸿。至若混羽旗以横野，则睹之者目骇；杂金鼓而特设，则见之者气雄。尔其誓将临边，兴师授律，拥豹骑而长往，指龙山而冲出。月阵联云，星旄斗日。回五翎以革面，挫三庭而屈膝。匪旗之佐彼军容，则何以沙场清谧。明明我君，四海无尘。立徽号，建洪勋。为旗削蚩尤之迹，画蛟龙之文。信侔功于巢燧，谅比德于姜云。奄有天下，体国经野，览兹旗之财成，故可得而言者。俨孤峙以摽众，列广形而助寡。随时卷舒，任用行舍。不务功以伐谋，良有足而称也。徒观其进退缤纷，旖旎三军；可仰可则，光辉一国。輶示迷于指南，何登车而逐北。塞断连营，幸偶时清。对岌岌之台殿，间悠悠之斾旌。陵紫霄而风扫，逗碧落以云萦。摆帝楼之晴树，弄天门之晓旌。高则可仰，犯乃不倾。每低昂以自守，常居满而望盈。时亨大畜，于何不育。永端容于太阶，沐皇风之清肃。

贞元七年（791）辛未科 状元：尹枢

尹枢

尹枢，约生于唐玄宗开元八年（公元720年），卒于唐德宗贞元末，阆州（今四川阆中）人。唐德宗贞元七年（公元791年）获辛未科状元，此时他已七十余岁。据《唐摭言》记载，本科由礼部侍郎杜黄裳主持考试，杜黄裳为表公正，在第三场考试中就当众出榜公布。他为了考察众考生的反应能力，故意语出惊人："诸学生皆一时英俊，奈无人相救。"当时只有尹枢一人上前询问，原来仅没有写好榜帖罢了。尹枢便自告奋勇"相救"，代写榜帖。写好后，只剩状元一个没有写上，杜黄裳让尹枢写上状元的名字，尹枢则说："状元非老夫不可。"就这样，尹枢被点名为状元。当然，这个说法颇具戏剧色彩，可信度值得怀疑。

尹枢的文章属上乘，遣词造句颇为优秀，行云流水。唐代著名诗人卢纶有诗《送尹枢令狐楚及第后归觐》，诗中对尹枢评价甚高，所以他成为状元也是实至名归的。

取士情况

据《太平广记》引《闽川名士传》记载:"贞元七年,杜黄裳知举,闻尹枢时名籍籍,乃微服访之。"可见杜黄裳对"时名籍籍"的尹枢是早就熟悉的,在定状元人选时,杜黄裳对尹枢有所青睐也是可能的。

本科取士30人,知名者众多,其中令狐楚、窦楚、皇甫镈、萧俛4人成为宰相。

殿试题

珠还合浦赋 以"不贪为宝,神物自还"为韵
青云干吕诗

状元殿试卷

珠还合浦赋

骊龙之珠,无胫而至。骇浪浮彩,长川再媚。回夜光之错落,反明月之瑰异。非经汉女之怀,宁泣鲛人之泪。状征既往,莫究奚自。偶良吏兮斯来,遇贪夫兮则闷。想夫旋返之仪,圆明可期。辉如电转,粲若星驰。光浦溆,窜蛟螭。映沙砾,晃涟漪。在暗而投,诚则悲路人未鉴;沈泉而隐,亦常表帝者无为。欣出处兮据德,幸浮沉兮中规。是以特表殊姿,潜怀有道。中含逸彩,上系玄造。丑当时之饕餮,应为政之美好。真列郡之尤祥,实重泉之至宝。于是焕清濑,辉浅湾,奔璀璨,走斓斑。岂能与石前却,随流往还,泛连波之下,盈一水之间而已哉。兹川兮始明,老蚌兮

勿剖。瓴甋兮罢笑，琼瑰兮莫偶。抱圆质而胥既，扬众彩而未久。方载沉而载浮，且曷浣而曷不。玉非宝，泉戒贪，实为国之司南。诚感神，德繄物，在为政之不咈。愚是以颂其宝而悦其人，美斯政而感斯珍。想沿洄于旧渚，念涵泳于通津。则知美政不远，嘉猷入神。故中潜皎晶，下沉瀹沦。转则无颣，磨而不磷。诚丹泉之莫拟，谅赤水之非珍。苟或疑此为虚诞，愿征之于水滨。

贞元八年（792）壬申科　状元：贾稜

贾稜

贾稜（公元750年—公元815年），字方田，号北人，郡望长乐（今河北衡水）人。获唐德宗贞元八年（公元792年）壬申科状元，官至大理评事。那一年，由兵部侍郎陆贽知贡举，史称考官陆贽"搜罗天下文章，得士之盛，前无伦比"。

取士情况

贞元八年（公元792年）壬申科取士23人，贾稜位居状元，陈羽居榜眼之位，探花之位由欧阳詹夺得。这一年间，有不少名士位列榜单，除了"三鼎甲"外，李观、冯宿、庾承宿、韩愈、王涯等名士也位列其中。因此《新唐书·欧阳詹传》中将这一年进士榜称为"龙虎榜"。其中，最出名的当属位列"唐宋八大家"的韩愈。榜眼陈羽和探花欧阳詹也有盛名。陈羽是中唐诗人，与诗僧灵一交好，两人同中进士。欧阳詹是泉州历史上第一位进士，也被誉为"闽南第一位进士"。

殿试题

明水赋 以"玄化天宰，至精感通"为韵
御沟新柳诗

状元殿试卷

明水赋

祭祀上洁，精诚克宣。伊明水之为用，谅至诚以为先。积阴以成，符嘉应于冥数。以鉴而取，感无私于上玄。将假以表敬，式彰乎告虔。皎皎泛月，瀼瀼降天。既禀气在阴，亦成形于夜。有无虽系于恍惚，融结宁随于冬夏。明者诚也，我则暗然而彰；水惟信焉，吾非倏尔而化。徒观其清霄雾敛，朗月轮孤。鉴清荧而类镜，水滴沥而疑珠；混金波而共洁，迷玉露而全无。感而遂通，配阳燧之为火；融而不涸，异寒冰之在壶。彼既无情，此何有待。始同方而合体，宁望远而功倍。故能佐因心于霜露，均润下于江海。有形有实，徒加以强名；无臭无声，孰知其真宰。是以昭其俭，洁其意。含水月之淳粹，修粢盛于丰备。作玄酒而礼崇，登清庙之诚贵。嗤潢污之野荐，陋甘醴之莫致。祀事孔明，其仪既精，无眹而有，不为而成。二气相临，本自蟾蜍之魄；三危莫比，殊非沉瀍之英。至道自玄而兆，醴泉因地而生。原夫月丽于天，水习乎坎。物有时而出，故方诸而夜呈；事有眹而因，故阴灵而下感。大满若冲，其来不穷。风尘莫染其真质，天地不隔其幽通。况国家崇仪祔祀，荐敬旻穹，方欲行古道，稽淳风。客有赋明水之事，敢闻之于闷宫。

御沟新柳

御苑阳和早，章沟柳色新。
托根偏近日，布叶乍迎春。
秀质方含翠，清阴欲庇人。
轻烟度斜景，多露滴行尘。
袅袅堪离赠，依依独望频。
王孙如可赏，擎折在芳辰。

开成二年（837）丁巳科　状元：李肱

李肱

李肱，生卒年不详，陇西成纪（今甘肃天水）人，唐宗室子弟。唐文宗开成二年（公元837年）获丁巳科状元。当年，由礼部侍郎高锴为主考官。高锴反复吟诵李肱之作，赞叹不绝，不避他宗室子弟的身份，向皇帝力荐。李肱在获取状元后，历任岳州刺史、齐州刺史。

取士情况

李肱除了擅长诗文，也擅长作画。他与诗人李商隐互赠画作，李商隐赋诗《李肱所遗画松诗书两纸得四十韵》，对他的绘画技艺大加赞赏。李肱在殿试中所作《霓裳羽衣曲》被收录在《全唐诗》中。

本科取士40人。

殿试题

琴瑟合奏赋
霓裳羽衣曲诗

状元殿试卷

霓裳羽衣曲

开元太平时,万国贺丰岁。
梨园献旧曲,玉座流新制。
凤管递参差,霞衣竞摇曳。
宴罢水殿空,辇余春草细。
蓬壶事已久,仙乐功无替。
讵肯听遗音,圣明知善继。

宋

咸平五年（1002）壬寅科　状元：王曾

王曾

王曾（公元978年—公元1038年），字孝先，青州益都（今山东青州）人。宋真宗咸平年间连中解元、省元、状元，是宋代第二个荣获"三元"的才子。王曾中状元后，任将作监丞，通判济州，历官秘书监著作郎、直史馆、三司户部判官之职。王曾于景德初年迁右正言、知制诰，并兼史馆修撰。宋真宗崇尚道教，曾与王钦若伪造天书祥瑞，借机大兴土木修建宫观。王曾上疏直谏，提出"五害"。王曾后任参知政事，成为宋代第二个状元宰相。宋仁宗宝元元年（公元1038年）卒，享年61岁，谥文正。

取士情况

咸平五年（公元1002年）壬寅科取士38人。取士前王曾的诗赋早就闻名天下。他省试《有教无类赋》中提道："神龙异禀，犹嗜欲之可求；纤草何知，尚薰莸而相假。"文学家杨亿观其殿试《有物混成赋》，不禁赞叹"王佐器也"，并向当时的宰相寇准推荐他。这也算得上是一段文坛佳话。

殿试题

有物混成赋　以"虚象再生,天地之始"为韵
高明柔克诗
君子黄中通理论

状元殿试卷

有物混成赋

妙物难模,先天有诸?著自无名之始,生乎立极之初。不缩不盈,赋象宁穷于广狭;匪雕匪斫,流形罔滞于盈虚。原夫未辨两仪,中含四象。虽欲兆于形质,曾莫知夫影响。问洪纤而莫得,自契胚浑;考上下以都忘,孰分天壤?及夫太朴将散,三光欲萌,清浊待兹而一判,昏明由是以相生。然后品汇咸观,用作有形之始;淳和外发,或知至道之精。是何小不隐于纤介,大不充于寰海。配一气以冥运,亘终古而斯在。纵阴阳之推荡,我质难移;任变化之纷纭,斯形不改。岂不以有者真有之基,物者生物之先,冥搜而兆朕斯显,寂听而音容莫传?得我之小者,散而为草木;得我之大者,聚而为山川。视焉且无,讶深蟠于厚地;搏之不得,疑上极于高天。本自强名,诚难取类。其始也,既出无而入有;其终也,亦规天而矩地。既不可指掌而窥,又不可因人而致。明君体之而成化,则所谓无为而为;君子执之而立身,亦同乎不器之器。无反无侧,神之听之。谅潜形于恍惚,实委化于希夷。倾毁何由,固秉持之在我;刚柔有体,将用舍以随时。今我后掌握道枢,恢张天纪,将穷理以尽性,思反古而复始。巍巍乎!执大象而抚域中,达妙有之深旨。

天圣二年（1024）甲子科　状元：宋庠

宋庠

宋庠（公元996年—公元1066年），初名郊，字伯庠，后改名为庠，字公序，安州安陆（今湖北安陆）人。宋庠自幼便刻苦读书，与弟弟宋祁皆因辞赋而闻名于世。

宋庠及第后，历任大理评事、襄州通判。历三司户部判官，并修撰起居注，后任知制诰、知审刑院等。宋仁宗宝元二年（公元1039年）迁参知政事。庆历八年（公元1048年）任枢密使。皇祐三年（公元1051年），因侄子获罪，遭包拯弹劾而被罢相，不久后又复升兵部尚书，封莒国公。宋英宗治平元年（公元1064年），宋庠请求告老还乡，未获准，改封郑国公。宋英宗治平三年（公元1066年）病逝，谥元献（一作元宪），英宗亲题其碑"忠规德范之碑"。

宋庠以诗赋著称，又善于文献校正之学，是北宋著名的文学家。同时，宋庠的书法造诣也很高，深得晋人书法神韵，具有清淡飘逸、纵情挥洒的风格，展现出北宋文人气象。宋庠有《宋元宪集》《国语补音》等著作。

取士情况

据传，宋仁宗天圣二年（公元1024年），宋庠与弟弟宋祁同进考场应试。主考官初拟宋祁为状元，第二名为叶清臣，探花才是宋庠。但当时宋仁宗刚刚即位，章献皇太后垂帘听政，认为弟弟不应该比哥哥分数高、名位高，于是将宋庠改为第一名，宋祁位居第十。

宋庠在答题时，第二韵没有按照规定押韵。经考官上奏，该试卷仍被判为优等。他获得状元后，在《谢主文启》中回顾此事："掀天波浪之间，舟人忘楫；动地鼓鼙之下，战士遗弓。"

天圣二年（公元1024年）甲子科取士207人，宋氏兄弟、叶清臣等皆在榜单之上。

殿试题

德车结旌赋　以"车结旌者，昭德之美"为韵

状元殿试卷

君有至德，时乘大车。当偃革以无外，乃结旌而有初。奉驾陈仪，采物虽资于备设；鸣鸾示礼，旅旐匪俟于垂舒。顺考前经，铺闻往说。谓戎事以既息，贵君车之有结。雍容抚轼，盖藏饰以尚纯；肃穆展铃，讵垂旃而就列。盖由抑乃盛饰，昭夫令名。虽冠品于舆服，蔑扬威于旆旌。肃辂无哗，方敛藏于旆厉；驰轮有度，靡赫奕于绥缨。且夫礼有质文，器随用舍。车号乎德，则崇化于邦本；旌结其表，则示人于天下。意自象见，名非人假。君轩弭节，孰讶乎卷而怀之；国乘制容，益显乎素为贵者。是知

车之用兮，充德以成大；旌之饰兮，辅威而孔昭。既武怒之不作，信军容而外销。组綮启行，陋邦旌之孑孑；错衡遵路，殊风旆之摇摇。若然则动有彝仪，文无异色。虽严驾以备物，终去华而表德。故使礼典攸重，民瞻不忒。皇皇整御，始中括于采章；辎辎肃容，岂外扬于藻饰？用能上载明德，旁昭缛仪。自驾言而戾止，殊幅裂以藏之。

升降惟寅，仅比非心之屋；章明尽屏，宁同止猎之缕。大矣哉，邦礼是崇，帝仪资始。实务德以垂教，必收旌而昭理。宜乎国容备而兵器销，率由兹而尽矣。

元丰五年（1082）壬戌科　状元：黄裳

黄裳

黄裳（公元1044年—公元1130年），字冕仲，号演山，晚年沉迷道家文化，号紫玄翁，福建南平人。宋神宗元丰五年（公元1082年），黄裳参加壬戌科殿试，宋神宗以礼、法为题，黄裳认为礼、法的关键在于既要以道德仁义为根本，又要顺应世俗。当时朝廷内外都被卷入变法的漩涡之中，黄裳偏向赞成变法，但他不偏不倚，既主张变法，也认同保守派的一些观点、态度，这样的文章自然位居榜首。

黄裳状元及第后，历任越州佥判、太学博士等职，累官至端明殿学士、礼部尚书。黄裳对道家颇有研究，道家思想对其诗文创作产生了深刻影响。在文学上，黄裳以词著称，其词语言明艳，代表作如《减字木兰花》，流传很广。黄裳的作品在清代被整理出版，有《演山先生文集》六十卷。

取士情况

壬戌科殿试,内容集中于"变法",黄裳对"礼以义起,法以时行",他认为世事无常,万物皆有变数,所以变法要以道德仁义为本。

李清臣任知贡举,主持考试;舒亶、满中行同知贡举。本科取士445人。

殿试策问

问:礼所以辨上下,法所以定民志。三王之时,制度大备,朝聘、乡射、燕享、祭祀、冠婚之义,隆杀、文质、高下、广狭、多少之数,至于尺寸铢黍,一有宜称。贵不以逼,贱不敢逾。所以别嫌明微,释回增美,制治于未乱,止邪于未形。上自朝廷,下逮闾里,恭敬樽节,欢欣交通,人用不逾,国以无事。降及后世,陵夷衰微,秦汉以来无足称者。庶人处侯宅,诸侯乘牛车,贫以不足而废礼,富以有余而僭上。宫室之度,器服之用,冠婚之义,祭享之节,率皆纷乱苟简,无复防范,先王之迹因以熄焉。

《传》曰:"礼虽未之有,可以义起也。"而后之学者,多以谓非圣人莫能制作。呜呼!道之不行也久矣,斯文之不作也亦已久矣。抑将恣其废而莫之救欤,将因今之才而起之也?

状元殿试卷

臣对:臣闻致道则求诸人,以人者善之所在也,及其行道也,不可以求人,惟人求道。置法则从诸人,以人者情之所在也,及其行法也,不可以从人,惟人从法。圣人之为天下,合众善以为道,合群情以为法。其为教也,则宜民下无异习;其为政也,则宜臣下无异说。若夫蠡管之见,涓埃之善,奚足以致哉!圣人以为物态有新故,民情有好斁,俗有盛衰,时有彼此,事有变常,道有升降,法有损益。以道应时,以法制俗。当与万物之理相得于无穷,则夫善之所在,未可以废也;当与万物之变相适于无常,则夫情之所在,未可以废也。陛下所以三岁一诏,旁集天下之士,亲降圣问,而使一介草莱,类得发其涓埃之情,以助太山之崇高,沧溟之深远。如臣之愚,何足以与此!

然而,臣闻大道之世,"货恶其弃于地也,不必藏于己",则俗之于物轻矣;"力恶其不出于身也,不必为己",则俗之于我轻矣。不以我累道,不以物累我。天叙之中,夫妇之情,父子之性,君臣之义,兄弟之序,所谓有物者也。天秩之中,父厚于义而薄于仁,母厚于仁而薄于义,君无为而尊,臣有为而累,所谓有则者也。方是之时,上下之分乌用辨哉!不必持衡与之为轻重,而人自以为平;不必探筹与之为得失,而人自以为公。其正不必规矩,而天与之为方圆,其信不必符契,而天与之为取与。方是之时,上下之志乌用定哉!以故天之象,地之器,鸟兽之文,土地之宜,未有仰观而俯察者,则象与器,其孰制而用哉?法无所始,亦无所成;礼无所益,亦无所损。道之下降,在乎众器之间而已。人能轻物与我,而相与为天游,未有过礼而逾,不及礼而逼者,圣人盖未有患也。

然而,污尊而饮,捭豚而食,遂以为礼;抟土为桴,筑土为鼓,遂以为乐。营窟橧巢,羽皮毛血,圣人恶其鄙野太甚。贵贱之分,长幼之序,饮食居处,几与鸟兽草木无以异焉。以故,圣人作为礼法以文其实。营窟橧巢未利于居也,为之台榭宫室;草木血毛未利乎食也,为之炮燔烹炙;羽皮未利于服也,为之丝麻布帛;污尊抔饮未利于饮也,为之范金合土。网罟之利佃渔,耒耜之利稼穑,刳剡之利于川,服乘之利于涂,弧矢之利御寇,击柝之利待暴,利用之法详于此矣。然后制礼之文,施于饱食逸居之时,使远于禽兽。朝聘之礼,所以和君臣;冠婚之礼,所以正男女;祭祀之礼,所以交鬼神。为之射礼以观其志体,为之乡礼以辨其齿位。合其欢也为之燕礼，致其钦也为之享礼。

虽然，昔时鄙野之风，稍趋于文，而文之弊，使人役有涯之生，随无穷之情，忘不可乱之分，徇不可必之物，其性失中，其心失性。以菲废礼也逼，以美没礼也僭，遂丧天礼之自。尔者性命之情，日入于衰薄，有如横流之冲，失其大防，汗漫而难制。是以朝聘之礼，不足以和君臣；冠婚之礼，不足以正男女；祭祀之礼，不足以交鬼神；乡射之礼，不足以仁州乡；燕飨之礼，不足以乐宾客。

然则，礼之数岂可废哉？有数而无义，则其制礼也不足以因情；有义而无数，则其制礼也不足以定分。"朝聘、乡射、燕飨、祭祀、冠婚之义，高下、隆杀、文质、广狭、多少之数"，所以见于圣问。而臣以为，礼法之行，自圣与贵者始。贤者，先王以率愚；贵者，先王以率贱者也。数度存焉。其在宫室也，庙各有数，堂各有尺；其在衣服也，冕各有章，旒各有寸；其在车旗也，常各有斿，车各有乘；其在器皿也，所食之豆，所献之爵，其数有多寡，其用有贵贱。

虽然，礼数之于天下，岂特进其不及之才，敛其不平之气，以就绳约，然后以为得哉？有以多为贵者，以文为贵者，以大为贵者，以高为贵者，以其外心者也。有以少为贵者，以质为贵者，以小为贵者，以下为贵者，以其内心者也。内之为尊，外之为乐，少之为贵，多之为美。是故先王之礼不可多也，故常不丰；不可寡也，故常不杀。惟其称而已。

天下之人顾其教则谨其分，明其义则进其德，此其所以致治于未乱，止邪于未形欤！不然，而礼之近者适人之情，礼之远者，明德而反本。刍豢稻粱，庶羞酸咸，以养其口；椒兰芳苾，以养其鼻；雕琢刻镂，黼黻文章，以养其目；钟鼓管磬，琴瑟笙竽，以养其耳；疏房安车，越席床笫，以养其体。此适其情者也。圣人以此救上古之鄙野，不能使后世无文之弊。目之于色，耳之于声，鼻之于臭，口之于味，四肢之于安佚，未有能克己复礼以为仁焉，则礼之近者，适足使人流而为淫泰，乘而为诈伪耳。山潒之僭，浣濯之陋，岂可废哉？是故圣人之制礼也，酒醴之美，而玄酒明水之尚；黼黻文章之美，而疏布之尚；莞簟之美，而蒲越稿鞂之尚；丹漆雕镂之美，而素车之尚。是故礼虽道德之下，及忠信之薄，而道德忠信所以不丧者，礼实明之也。礼之近者，适人之情，而人情之适未常放者，礼之所尚，不在乎美者而已。

二帝三代，以法趋时，以义起礼，不能有异于此，特其详略未可同耳。故臣尝言，道无常也，未始有弊焉，必有升降者，礼法为之也；时无止也，未始有弊焉，或有彼此者，习俗为之也。继道以致用者，善也；制善以致治者，法也。异法者，彼此之时；异时者，盛衰之俗；异俗者，新故之物。物之新故，俗之盛衰，未始有常也。则以法趋时，以义起礼，岂有一定之论哉！是故圣人之在下者，或清或和，以矫一时之俗，而救其弊焉，则有三子之行；圣人之在上者，或损或益，以应一时之俗，则救其弊焉，则有三王之礼。然而道失而后德，则二帝之趋时也，致隆于德，未能以为皇；德失而后仁，仁失而后义，义失而后礼，则三代之趋时也，致隆于业，未能以为帝。道也，德也，业也，皆圣人所能有者也，其用之异者，以制俗异之也。皇也，帝也，王也，皆圣人所能为者也，其名之异者，以应时异之也。

臣谓有成与亏者，法也；无成与亏者，道也。无成与亏之中，注之不盈，酌之不竭，万法之造，费之弥多，资之愈有。唐而后成，周而后备，于形色名声，不可以为量数。若夫制于礼者为之，非特不可以致治也，必待数百岁，其智足以相备者而后全。若夫休道者，虑后而致隆，则尧之所成，周之所备，伏羲旦暮而陈之，奚必俟唐与周哉！臣谓时之所缓，圣人不以为急，俗之所恶，圣人不以为好。是故五帝而上，其书谓之《三坟》，言大道也。二帝而下，其书谓之《二典》，言常道也。然而常道之用，又其大道之降者欤？不然。而忠质之过也，周以极盛之文而救之，盖自夏商之末，仁义失尽矣，则周之所以救其弊者，其有礼欤？尽仁之数以制礼，尽礼之数以制法，辨等之仪，教节之度，尤详于二代，则大道之降者，未足以为怪也。后世之难治，惟其物我大重。我重而逾，物重而逼，无穷之欲，不测之变，不可以略制也。行法之吏，至于三百六十而后已，岂其好详哉！礼以义起，法以时行而已。

臣观三代之盛，忠质文之不同道，服器官之不同法，相沿以情，相革以迹。朝聘之勤，燕享之欢，祭祀之诚，婚姻之好，欢然有恩以相爱，粲然有文以相接。彰之以车服，扬之以声音，光之以诗书，明之以藻色。其犹一元之散，遂华万物而为春欤。和气之中，声色万类，飞者翔，走者伏，潜者跃，并行而不相悖，并育而不相害，莫知为之者。三皇之世，未著于德义，其犹一元之含万物欤。二帝之喻则向乎春矣。陛下体道在上，造化群材，因革庶政，教令刑禁，下行上施，其犹天道之运四时欤！作者使复，枯者使荣，则春之风雷；散者使敛，华者使实，则秋之霜露。将与有生之类，还淳反一，而为太古之游，固陛下之志也。若夫宫室之度，器服之用，冠婚之义，祭飨之节，率皆纷乱苟简，未复三代之遗法，岂可望哉！念此宜圣策之所及也。

臣闻不能以礼趋时，则其为法也无功；不能以义起礼，则其为法也无道。礼乐之情同，明王以相沿，知礼有所因。三王异世不相袭礼，则礼有损益。商因于夏礼，所损益可知也，损其文而益之以质故也；周因于商礼，所损益可知也，损其质而益之以文故也。其或继周者，虽百世可知也。文弊则质救之，质弊则文救之，文质相代而趋于中，盖虽百世不能易也。伪者文之过，野者质之过，继文之过必过于质而救之，此孔子所以欲从先进欤。时也，惟夏之从；车也，惟商之从；服也，惟周之从；乐也，惟舜之从。郑声之淫，非所可欲者也。文弊之俗，皆溺于此乐，则惟舜之从，然后郑声可以放焉。

自秦继周，礼之情不能有所因，乃滋法令以酷天下，礼之文不能有所损，乃极奢侈以穷其欲。不能以智出义，以义明德，不能以仁出礼，以礼明分。苟以徒法而制天下，礼之近者又从而充之，古远而难行者类弃而不为，遂使天下之俗，流而为淫泰，乘而为诈伪，淫为郑声，殆为佞人，则其制天下也，适足以为乱焉！岂能辨上下、定民志，使恭敬撙节、欢欣交通以戴其上哉！若夫诸侯乘牛车，庶人处侯宅，贫以不给而废礼，富以有余而僭上。宫室之度，器服之用，冠婚之义，祭享之节，率皆纷乱苟简，未足以为怪也。汉文帝好道家之学，以为繁礼饰貌，无益于治，皆罢去之，专务朴素。然而，文帝岂能监周之弊而致然哉！会其所好，适近圣人继周之意。故其屋壁得为帝服，倡优得为后饰，卖僮婢妾，富人大贾皆得以上僭，莫之制焉，斯亦文帝不能以义起礼之过也。呜呼！文帝畏甚高论，而释之与言秦汉间事而已。唐太宗好三代之礼乐，房杜不能对者，故其为礼也，沿秦故以为汉，沿隋故以为唐，其治卒愧乎三代，而使三代本数末度，寂寥数千载间，未有能振之者，可胜惜哉！陛下慨然有志于此，将欲贫者不至于废礼，富者不至于犯义，文不至于野，趋乎文质之中，非特天下后世受其赐也，斯文不亦幸乎！

臣闻有其德而无其位，不敢作礼乐焉，为其无行礼乐之权也；有其位而无其德，不敢作礼乐焉，为其无立礼乐之道也。而今陛下尊为天子，有其权矣；德为圣人，有其道矣。何惮而不为！然而，不能因俗则礼失人，不能制俗则人失礼。礼失人也，无情；人失礼也，无分。陛下以义起礼，而臣言其所以因俗，所以制俗而已。寒暖燥湿异气，刚柔轻重异齐，器械异制，衣服异宜，饮食异和，此天理之所异者，俗之所宜，先王之所因。析言破律，乱名左道，淫声异服，奇技奸色，行伪而坚，言伪而辩，学非而博，顺非而泽，有疑于众；圭璧金璋，锦文珠玉，或不中度，或不中幅，或不中量，或不中仪，有行于市。此人伪之所异者，俗之所病，先王之禁。因其所宜，而弗禁其所异。天下之人，心与物化，志逐利往。譬如新生之犊，猖狂而趋，未知其所向，则虽以义明法，以数定分，敛其放肆，以就绳约，亦已劳矣。是故，大司徒施十有二教，所以因俗者一，所以制俗者四。太宰以八则治都鄙，以礼驭其民，则其制俗者也；以俗驭其民，则其因俗者也。盖惟圣人以道出法，以德制行，然后能为因俗而与之同，能为制俗而与之异。其因俗而与之同也，则能使之欢欣交通；其制俗而与之异也，则能使之恭敬樽节。礼之远者，使之知所尚焉，则能明德反本而不溺于忠信之薄，道德之下衰，三代之礼可得而终始也。此臣之计也。

绍兴二年（1132）壬子科　状元：张九成

张九成

　　张九成（公元1092年—公元1159年），字子韶，号无垢居士，又号横浦居士，浙江钱塘（今浙江杭州）人。青年时期，张九成拜理学家杨时为师，自此信奉理学。宋高宗绍兴二年（公元1132年）获状元，那时他已41岁。中状元后，他获镇东军佥判一职，后历任著作郎、宗正少卿、礼部侍郎兼侍讲、刑部侍郎等官。因与秦桧在政事上意见不合，张九成被弹劾落职，贬为邵州知州。后来又有人传秦桧之意，说他诽谤朝廷，将他贬到南安。他在南安蛰居14年，寄居在宝果寺中，终日闭关，阅读诗词歌赋、经文史籍。绍兴二十五年（公元1155）年秦桧去世，他才再次被启用，出任温州知州，为政宽大，为时人称颂。

　　张九成虽在政治上难以施展才华，但在学术上颇有成就。著有《横浦集》《无垢集》《中庸说》《孟子传》《心传录》等。他将佛学融入自己的学说中，成为陆九渊心学的思想先驱，虽然受到朱熹的抨击，但并不妨碍他成为一名理学大师。

　　绍兴二十九年（公元1159年），张九成病逝。宋理宗宝庆二年（公元1226年），张九成被追赠为太师，封崇国公，谥文忠。

取士情况

绍兴二年（公元 1132 年）殿试时，宋室南迁至临安不久。当时金兵频频南下，妄图灭掉南宋，大散关守将吴玠于绍兴元年（公元 1131 年）大败金军。在抗金局势稍微稳定的情况下，南宋高宗皇帝在此次殿试中问"中兴之本"。

此次殿试进士共取 259 人，省元张九成，榜眼凌景夏。据《宋历科状元录》记载，当时的张九成类试、廷试俱第一，夺得"双元"。

殿试策问

问：朕承中否之运，获奉大统，六年于兹，顾九庙未还，两宫犹远，夙兴夕惕，靡敢荒宁。悯国步之久艰，悼已事之失策，虚心求治，不惮改图，故详延子大夫于廷，咨以当世之务，冀闻长计以兴大业。将核其言，以收其用，非直循故事、设科举、塞人情而已！

盖古先辟王，继中微之世，承思治之民，芟夷大患，事半功倍。少康一旅而复有夏，宣王兴衰以隆成周，光武三年而兴汉祚，肃宗再岁而复两京，皆蒙前人之绪，拨乱反正，若此其易也！今赖四方黎献，翊戴眇躬，列圣之泽未远也。朕焦心劳思，不敢爱身以勤民。然屈己以和戎，而戎狄内侵；招诱以弭盗，而盗贼犹炽。以食为急，漕运不继而廪乏羡余；以兵为重，选练未精而军多冗籍。吏员猥并，而失职之士尚众；田莱多荒，而复业之农尚寡。严赃吏之诛，而不能革贪污之俗；优军功之赏，而无以消冒滥之风。方今欲外攘，则不足以靖民；取于民有制，则不足以给车徒之众。为人父而自榷其子，则又何以保民而王哉？

朕弗明治道，仍暗事几，凡此数者，常交战于胸中，徒寝而弗寐，当食而叹也。子大夫与国同患难久矣，宜考前世中兴之主，施为次序有切于今者；祖宗传绪累世，其法有可举而行者；平时种学待问，奇谋硕画，本于自得，可以持危扶颠者。其悉意以陈，朕将亲览焉。

状元殿试卷

臣对：臣闻祸乱之作，将以开圣人也。商道不衰，何以见高宗；四夷不叛，何以见宣王。汉无昌邑之变，则无以启宣帝；唐无宫壶之变，则无以启明皇。是以知君天下者，遇祸逢乱，当以刚大为心，无遽以惊忧自沮。灼知此理，然后可以知天意之所在矣！

臣尝历考前古兴衰拨乱之君，以谓莫善于宪宗，莫不善于文宗。何以言之？宪宗当唐室陵夷之际，藩镇跋扈，主权下移，乃能左顾右盼，慨然起恢复之心。不幸廷臣异议，刺客在朝，京师皇皇，朝不谋夕，惟宪宗当宁发愤，屏声却欲，讨贼之心愈厉。明年平夏，又明年平蜀，又明年平淮、蔡。元和之功，卓然为天下冠，此以刚大为心者也。文宗当昭、愍之后，阉寺执柄，主威不宣，虽能高举远蹈，毅然有扫除之心。不幸委任失当，害及非辜，甘露之祸，言之使人酸楚。岂非文宗遽以泣下沾襟，魂飞气索，自比周赧，又自比汉献，又自谓无与尧舜，又自纵酒以伤其生，悲辛愁苦，不复以朝廷为意，此以惊忧自沮者也！故臣尝断之曰：若宪宗，可谓知天意之所在，若文宗者，又何足与论天意哉！盖祸乱之作，正圣人奋励之时也，何至以惊忧自沮乎？！

今陛下痛九庙未还，两宫犹远，又悯国步之久艰，悼已事之失策，然深察祸乱之故，是乃皇天所以启至圣也。伏惟陛下谨之重之，以刚大为心，无遽以惊忧自沮，庶几与商高宗、周宣王、汉宣帝等，相揖于千载之上，合皇天所以畀付之意，不胜臣子至愿。然以刚大为心者，要当夙兴夜寐，恶衣菲食，屏远便佞，登崇俊良，好切直之言，戒声色之惑，先定规模，以定大事。臣观古之圣人，将大有施为于天下者，必先默定规模，而后从事。其应也有候，其成也有形，非若顺风扬帆，一求快意，而无所归赴也。

商君之法，非良法也，然而规模先定，故能兵雄天下，臣服诸侯；苏秦之术，非善术也，然而规模先定，故能合六姓之异，却强秦之兵。淮阴对高帝，以"北举燕赵，东击齐，南绝楚之粮道，而西会于荥阳"，无一不如其言者，规模先定故也。耿弇对光武，以"定渔阳，取涿郡，还收富平，而东下齐"，无一不如其言者，规模先定故也。

伏仰陛下欲迎九庙，归两宫，安国步而康庶事，式扩规模，固已定于圣心，而又元枢捷报，歼厥渠魁，自前世之君观之，固有满假而自大，以速天下之谤者矣。独陛下不然，乃执谦不居，躬御便殿，亲颁德音，以前世中兴之君为问。至于攘夷狄，弭盗贼，足食，练兵，澄冗官，复农业，革贪污而消冒滥，宽民力而给车徒，前世中兴之施为，祖宗传绪之法度，下询于承学之士曰"本于自得，可以持危扶颠者"，此有以知陛下用心之勤也。臣虽智识浅陋，然而仰见规模宏阔深大，辄整冠肃容，再拜稽首曰：猗欤盛哉！有君如此，天下何忧乎！宗庙社稷何忧乎！二圣六宫，暂淹蛮貊，亦何忧乎！臣学术至空虚也，然忠愤所激，敢不敷陈管见，上裨日月之光？臣谨昧死上愚对。

臣伏读圣策曰："古先辟王，继中微之世，承思治之民，芟夷大患，事半而功倍。少康一旅而复有夏，宣王兴衰以隆成周，光武三年而兴汉祚，肃宗再岁而复两京，皆蒙前人之绪，拨乱反正，若此其易也！"臣有以见陛下规模远大，知所以为中兴之本也。臣闻禹有治水之德，民心怀之，故其有天下也十有七世，历年四百六十有二，少康一旅而复有夏者，祖宗之德在人也。稷有播种之德，民心怀之，故其有天下也三十七世，历年八百有余，宣王兴衰以隆成周者，祖宗之德在人也。汉高祖有宽仁之德在人，故其有天下也二十一世，而历年至于四百，然则光武三年而兴汉祚者，岂非蒙高祖之德哉！唐太宗有仁义之德在人，故其有天下也二十四世，而历年仅及三百，然则肃宗再岁而复两京者，岂非蒙太宗之德哉！皇宋一祖六宗，英灵在天，功德在民，中兴之运，正归今日，倘能扩此规模，济以兢谨，果何往而不可乎！

伏读圣策曰:"今赖四方黎献,翊戴眇躬,列圣之泽未远也。朕焦心劳思,不敢爱身以勤民,然屈己以和戎,而戎狄内侵。"臣有以见陛下规模远大,知祖宗之德,士民之归,将乘此时为两宫中国雪积年之耻也。臣观金虏有必亡之势三:夫好战必亡,失其故俗必亡,人心不服必亡,而金虏皆与有焉,臣请为陛下历陈之。始皇并吞六国,可以止矣。恣心快意,复征南越,曾不知骊山之役未成,而二世、子婴已被害而就擒矣,此以好战而亡也。隋文帝远平江东,可以止矣。炀帝嗣位,亲驾征辽,曾不知锦帆未过隋渠,而大盗已据其都矣,此亦好战而亡也。蠢尔金虏,亦何足以秦、隋比?顾论好战必亡,因以及之。夫蕞然疥癣,臣事高丽,奴事契丹。中国视之,如居霄汉而观蝼蚁,曾何足以污齿牙?乃不自循分,陆梁咆哮,自靖国兴兵,越于今三十余载矣。适国家当此否运,乃敢欺天叛人,犯我王略,侵我中国,夺我两河,又捣我都城,又要我二圣,又入我淮右,践我江浙。呜呼悲夫!集骨如山矣,流血如河矣,夷城如墟矣。皇天昭昭,灭亡无日,此臣所以言好战必亡也。

西晋之乱,匈奴、鲜卑纷纭于中国,而其豪杰间起为之君长,如刘元海、苻坚、石勒、慕容隽之俦,皆以绝异之资,驱驾一时之贤俊,其强者至有天下大半,然终覆亡相继,不过一传再传而灭,何也?夷狄之心,固安于无法也,而束缚于中国之法;中国之心,固安于法度也,而苦于为夷狄之行。君臣相戾,上下不安,虽建都邑,立城社,其心炱炱然,常若寄寓于其间,其能久乎!蠢尔金虏,亦何足与元海、苻坚比?顾论失其故俗,因以及之。夫其不安窟穴,既灭契丹,复陵中国,意将颂诗读书,佩玉鸣鸾,效我中国之制。沐猴而冠,爰居闻乐,想其忧愁无聊,如被五木而居九地,终身不快,卒于死而已矣。此臣所以言:失其故俗必亡也。

始皇灭韩,张良奋椎击其车,朱泚僭号,段秀实提笏击其额。天下之人,其视金虏,谁不欲寝处其皮而食其肉,顾其路无由耳。今掳我中国士庶人于窟穴,固亦有豪杰慷慨之士,欲图之久矣。而又凌辱及于公卿,鞭扑行于殿陛,贵为将相,而不免有囚徒之耻,将见有愤惋郁结,而思变者矣。此臣所以言：人心不服必亡也。区区一刘豫，欲收中国之心，呜呼愚哉！中国之心，岂易收乎！彼刘豫者，何为者耶？素无勋德，殊乏声称，天下徒见其背叛于君亲，而委身于夷狄尔。黠雏经营，有同儿戏，何足虑哉！

然金虏虽有必亡之势，而我有必兴之理，不可不讲也。臣观古人所以谋人之国，必有一定之计。越王之取吴，是骄之而已；秦之取六国，是散其从而已；高祖之取项籍，是离间其君臣而已。今越之计、秦之计、高祖之计，宜次第而用之。当先用越王之法骄之，使其侈心肆意，无复忌惮，天其灭之，将见权臣争强，篡夺之祸起矣。臣请备论越王所以取吴之术，惟陛下听之。范蠡曰"卑辞厚礼以骄之"，越王则自称曰"草鄙之人"，自称其国曰"贡献之邑"；范蠡曰"玩好女乐以骄之"，越王则先之以皮币，随之以管籥，使大夫女女于大夫，士女女于士。其称吴为天王者，范蠡使尊之以名也；其请亲为前驱者，范蠡使以身为市也。今日之骄虏，当损益其法可也。

呜呼！越王含辛茹苦，志在报吴，非笃志之君，其孰能之？以民之不蕃，而兵之不给也，乃下令于国中曰："壮者无娶老妇，老者无娶少妻。女子十七不嫁，丈夫二十不娶，则罪其父母。"生男子也，赐束脩、一犬；生女子也，赐束脩、一豚。生三人，公与之母，生二人，公与之饩。支子死、当室者死，则哭泣之，葬埋之，如其子也。载脂与粱，以食孺子，身耕妻织，以裕国人。国人荷其恩，感其德，愤其土地之狭，而悯其会稽之耻也。于是父兄请战，不许。父兄则又请战，而致其辞曰："越四封之内，其视君也，犹父母也。子而思报父母之仇，臣而思报君之仇，其敢不尽力乎。"及其将行，父勉其子，兄勉其弟，妇勉其夫，曰："孰谓是行也，而可无死乎？"陛下欲灭金虏，当先结吾民之心可也。

越王之在国也，觞酒豆肉以分左右，饮酒不尽味，听乐不尽声，求以报吴，今陛下有是乎？病者问，死者葬，老其老，长其幼，慈其孤，求以报吴，今陛下有是乎？富者安之，贫者与之，救其不足，裁其有余，求以报吴,今陛下有是乎?南事楚,西事晋,北事齐,春秋皮币、玉帛、子女以宾服焉,未尝敢绝,求以报吴,今陛下有是乎?如其有也,天下甚幸,若犹未也,伏愿陛下勉之。

越王归国四年,愤祖宗之仇,思欲一战以快心,范蠡曰:"未可也。"五年而吴王信谗喜优,憎辅远弼,又欲乘其间以伐吴,范蠡曰:"姑待之。"七年吴王杀申胥,又欲乘其间以伐吴,范蠡曰:"姑待之。"七年而吴国蟹、稻不遗种,又欲乘其间以伐吴,范蠡曰:"姑待之。"今之金虏虽有必亡之势三,然而信谗乎?喜优乎?憎辅而远弼乎?曾杀贤如申胥乎?曾有天灾,如蟹、稻不遗种者乎?必也俟其天时去,人事失,然后可以图之。越王归国二十年,乃得举兵以遂其志。其举兵也,必智以度天下之众寡,仁以供三军之饥劳,勇以断疑而决大事,又舌庸使之审赏,苦成使之审罚,大夫种使之审物,大夫蠡使之审备,大夫皋使之审声。其将行也,则背屏而立,委夫人以内政;背檐而立,委大夫以国政。其至军也,则斩通行赂者。又明日徙舍,则斩不从令者。又明日徙舍,则斩不用命者。又明日徇军,则归无兄弟尽在军者。又明日徇军,则归有昏眊之疾者。又明日徇军,则归筋力不足以胜甲兵,志行不足以听命令者。虽列国之君,不足以为今务,然其禁密如此,亦可喜也。故能一战而败吴于囿,再战而败吴于泓,又战而败吴于郊。夷其城,犁其庭,墟其庙,以雪积年之耻。陛下欲报金虏,愿观其用心,而以越王之法用之,不亦可乎!

伏读圣策曰:"招诱以弭盗,而盗贼犹炽。"臣有见陛下规模远大,欲攘夷狄而先靖中国也。臣闻唐太宗之说曰:"民之所以为盗者,由赋繁役重,官吏贪求,饥寒切身,故不暇顾廉耻尔。当去奢从俭,轻徭省赋,使民衣食有余,则自不为盗。"韩愈之说曰:"刺史不得其官,观察不得其职,财已竭而敛不休,人已穷而赋愈急,其不去而为盗也,亦幸矣。"此皆论良民为赋敛所困,故不得已而为盗尔。今日之事,则又甚于此。其横行于州郡,啸聚于山林者,类皆军兵尔。此曹在太平时,帖首妥尾,惟上之令,不幸中国多故,朝廷权轻,何尔动辄怨怒耶!而一夫倡乱,百夫从之,百夫倡乱，千万人从之。然使吾无间而可入，则朱滔不能起卢龙之卒，而李怀光不能强邠宁之兵。今其所以一呼响应者，其心不服也！其心所以不服者，无乃吾恭俭未至乎？用人未当乎？赏无功而罚无罪乎？昔唐德宗放象豹，出宫人，以恭俭服天下；罢常衮，用崔祐甫，以用人服天下；赏淄青将士，以折其奸谋，杖邵光超，以惩其贪冒，又以赏罚服天下。时李正己持兵十五万，雄视山东，其将士闻德宗所为如此，皆投兵相顾曰："明天子出矣，吾辈犹反乎！"不特此也，吐蕃恃其强大，以凌侮中国，非一日积也。德宗即位，使者归告其国主曰："新天子出宫人，放禽兽，威德英武，洽于中国。"吐蕃大悦，遣使入贡。夫德宗恭俭委任，信赏必罚，行于户庭之间，而强蕃悍卒，自格于千里之外。使其恪守此心，终始不变，则贞观之风，亦不难到，奈何其自败坏也。臣愿陛下笃恭俭，谨用人，明赏罚，以收天下之心。若曰：我有甲兵，可以诛其不服；我有招降，可以俟其改过。诚恐去一大盗，其事卒未已也。诚能用臣之说，非特悍卒格心，而蕃戎亦且悔过也。故臣以太宗、韩愈、德宗之事为献。

伏读圣策曰："以食为急，漕运不继而廪乏羡余；以兵为重，选练未精而军多冗籍。"此有以见陛下规模远大，知兵食之不可不虑也。臣以谓漕运不继，宜选财赋之官，选练未精，宜责将帅之职。唐代宗以国用虚乏，馈饷纷纷，独得一刘晏，斡山海，排商贾，制万物低昂，操天下赢赀，而军用以给，以财赋得其人也。臣愚欲于常赋之外，创置一司，名曰"军兴"。凡辟市榷酤，载在有司者，不与其数，独变通有无，权制轻重，使利归公上，敛不及民。出入钱谷，勾检簿书，则付之士类，书符檄，觇低昂，则付之皂吏。明敏精悍如刘晏辈，实司其职，夫何忧漕运之不继乎！马燧之在河东也，驱马斯役，教以骑射，制甲有长短之等，造车为行止之宜，比及二年，得精兵二万，以将帅得其人也。臣愚欲于冗兵之数，创置一军，名曰"精锐"。凡攻卫战斗，功在有司者，不与此选，独招降之兵，擒获之兵，俾弓矢戈矛，随器而使，有能者则书之尺籍，其无能者则驱之屯田，择强力勇毅如马燧辈，实司其职，夫何忧选练之未精也！

伏读圣策曰："吏员猥并，而失职之士尚众；田莱多荒，而复业之农尚寡。"此有以见陛下规模远大，知吏农之不可不虑也。臣以谓吏员猥并，宜行辟举之法，田莱多荒，宜行屯田之法。昔沈既济欲宰臣叙群司，州郡辟僚佐，其意欲无失职之士也。臣愚欲使宰臣精选太守、部使者之职，若群僚，则太守辟举，若监当、若巡尉，则使者辟举，举而不当，重者褫其职，轻者罚其金，吏部、台谏得以纠正之。每辟一员，则具二人以待之。补者既上，则又辟一人以待之，前后相承，虽怠者亦励。夫国家所以设官分职，将惟贤才之求，非为尔衣食之资也。志在衣食，胡不为工乎，为商乎，为农而力田亩乎！胡为在缙绅之列也。夫责之以士人，则朝廷待之亦不可轻。凡太守、监司之赴官也，若内若外，皆陛辞而后行。监司为一辈，郡太守为一辈，当行之日，陛下亲御正殿，借辞色，告监司，则曰："一路官吏，实汝之托。"告郡守，则曰："一郡官吏，实汝之托，汝当夙夜以思，宣我所以爱民之意。予有大赍，报汝功，亦有大罚，惩不恪。"庶几贤才并用，则失职非所患也。

昔邓艾欲行陈颖以东，屯田两淮，得谷五万斛，其意欲得复业之农也。臣愚不敢远引，且以镇江一路论之。屯兵江口，无虑数万人，就以二万人论之，人必有家，家止五人，人日二升，日计二千斛，月计六万斛，则岁百万斛矣。顾此馈运，非由天降，非从地出，皆当取之于民。三吴之间，旱暵仍岁，长淮以北，草莽连云，去岁到今，米斗千余，今此下民，谁救其迫？而又追需急于星火，棰械酷于秋霜，开元屯田之法，振武屯田之法，不知其可用乎？勋官八品以上，前资七品以上，此建官之法也；土柔则五十亩而一牛，土刚则二十亩而一牛，此耕耨之法也。如是之法，出于开元。募人为十五屯，屯置一百五十人，令各就高为堡，东起振武，转而西过，极云州界，中出入河山之险，八百余里，寇来不能为害，人得肆耕其中。如是之法，出于振武。臣愿自淮以北，开置屯田，参开元、振武之法，非特足以招复业之农，而军储所资，亦足以宽其忧矣。

伏读圣策曰："严赃吏之诛，而未能革贪污之俗；优军功之赏，而无以消冒滥之风。"此有以见陛下规模远大,欲清流欲而惩侥幸也。昔毛玠为尚书,而士大夫不敢鲜衣美食;杨绾为宰相,而豪贵功臣为之撤乐毁第,减驺御。赃吏贪污,流风远矣。臣愿陛下去声远色,躬俭节用,以励朝廷;朝廷宰相,却苞苴,断货贿,以励猾胥,而惩狡吏。又何患贪污之弗革乎!昔元载、王缙秉政,四方以贿求官者,相踵于门,大者出于载缙,小者出于卓英倩,皆如所欲而去。代宗欲得士大夫之不阿附者为己用,乃擢李栖筠为御史大夫,事出主意,宰相不知,缙等由是稍绌。臣今欲用此策以消冒滥,可乎!凡大将以功来上,陛下亲据其中一二人,晏见而劳问之,果有功者,优加拔擢,其或言语不伦,事涉诞罔者,痛加惩斥,又何患冒滥之弗消乎!

伏读圣策曰:"方今欲外攘夷狄,则不足以靖民;取于民有制,则不足以给车徒之众。为人父而榷其子,则又何以保民而王哉?"此有以见陛下规模远大,恤民如是之深也。臣伏读圣问至此,不觉涕泗交颐,仰知陛下仁心如天地之大,而天下弗知也。臣观滨江郡县,为守为令者,类无远图。阳羡、惠山之民,何其被酷之深也!率敛之名,种类闳大,秋苗之外,又有苗头;苗头未已,又行折八;折八未已,又曰大姓;大姓竭矣,又曰湮实;湮实虚矣,又曰均敷;均敷之外,名字未易数也。流离奔窜,益以无聊。前日桑麻沃润,鸡犬相闻,今为狐狸之居,虎豹之宅。苍烟白露,弥望满野。彼所谓守令,独抵几而言曰:"与其委之于盗贼,孰若输之于国家。"呜呼!安得此委巷之语乎!堂堂国家,而下比于盗贼,不忠之罪,莫大于此矣!夫节财即生财之道也。今藩方大使,各置使臣,收召亲戚,竭民膏血以市私恩,或曰"准备"或曰"干办"者,不知其几人也。色目纷纷,难以数举,凡医巫卜祝之流,皆在其选。又诸县添置武尉,尤为无用。见敌则走,小胜则杀贫民以要功,居山则卖私茗,滨海则鬻私醭,未及交付,则已捕之为己功矣。不知平时剥肤椎髓,敛怨招谤,以廪此曹,果何谓哉!臣愿陛下明降诏书,戒饬藩方,罢去武尉,以苏凋瘵,此亦保民之道也。

伏读圣策曰："朕弗明治道，仍暗事几，凡此数者，交战于胸中，徒寝而弗寐，当食而叹。子大夫与国同患难久矣，宜考前世中兴之主，其施为次序有切于今者；祖宗传绪累世，其法有可举而行者；平时种学待问，奇谋硕画，本于自得，可以持危扶颠者，其悉意以陈，朕将亲览。"臣有以见陛下规模远大，谦冲退托，将以追配前王，绍述祖宗，旁搜远取，以尽愚夫之虑也。臣窃谓中兴之主，大抵以刚德为上。是故震伐鬼方者，高宗之刚；有严有翼者，宣王之刚；信赏必罚者，宣帝之刚；赳赳雄断者，光武之刚也。陛下之欲中兴，当以刚德为主，去逸节欲，远佞防奸，此中兴之本也。祖宗传绪之意，大抵以俭德为主。恭闻仁祖服浣衣，寝绋被，力行恭俭，不忍费一毫以伤民力，至今父老言我仁祖，必泣下沾襟。盖俭必仁，仁必能感天下。陛下欲绍祖宗，当以俭德为主，珍奇弗御，玩好弗求，此祖宗之意也。夫攘夷狄，弭寇盗，足食，练兵，澄冗官，复农业，革贪污而消冒滥，宽民力而给车徒者，臣以一言而该之，不过曰"刚"与"俭"而已。然刚俭之德，圣心自明，天下犹未信者，何也？臣窃有说焉。

臣尝读《左氏传》，见吕甥论君子小人情状于秦穆公，何其切至也。其曰："小人戚谓之不免，君子恕以为必归。"又曰："小人曰'秦岂归君'，君子曰'秦必归君'。"又曰："小人曰'必报仇'，君子曰'必报德'。"夫士人所见高远，故其言多恕，小人所见浅狭，故其语易深。善夫！孟子有曰："百姓皆以王为爱也，臣固知王之不忍也。"夫百姓以齐王为爱牛，以小人之见，每如此也。然小人满天下，而所谓士人者几何？虽家置一喙，言提其耳，不能胜众多之口也。则人主于食息謦欬之间，其可以弗谨乎？

夫文王一饭，武王亦一饭，文王再饭，武王亦再饭，是武王以身试文王之安否也。盖一饭则我力微矣，今吾亲一饭而已，力不其微乎！此其所以可忧也。再饭则我力强矣，今吾亲至于再饭，无乃寿考之期乎，此所以可喜也。夫武王之于文王如此。若陛下之心，臣得而知之。方当春阳昼敷，行宫别殿，花柳纷纷，想陛下念两宫之在北边，尘沙漠漠，不得共此融和也，其何安乎？盛夏之际，风窗水院，凉气凄清，窃想陛下念两宫之在北边,蛮毡拥蔽,不得共此疏畅也,亦何安乎?澄江泻练,夜桂飘香,陛下享此乐时,必曰:"西风凄劲,两宫得无忧乎?"狐裘温暖,兽炭春红,陛下享此乐时,必曰:"朔雪裹丈,两宫得无寒乎?"至于陈水陆,饱奇珍,必投箸而起曰:"雁粉腥羊,两宫所不便也。食其能下咽乎?"居广厦,处深宫,必抚几而叹曰:"穹庐区脱,两宫必难处也。居其能安席乎?"今闾巷之人,氓吏之伍,皆知有父兄妻子之乐,陛下虽贵为天子,富有四海,以金房之故,使陛下冬不得温,夏不得清,昏无所于定,晨无所于省,问寝之私,何时可遂乎?在原之急,何时可救乎?日往月来,何时可归乎?每岁时遇物,想惟圣心雷厉,天泪雨流,抚剑长吁,思欲扫清蛮帐,以还二圣之车。此臣心之所以知陛下者如此,若小民之心则不然。以谓搜揽珍禽,驱驰骏马,道路之言,有若上诬圣德者,此臣所以食不甘味,寝不安席,不量微贱,思为陛下雪之也。深察其言,盖亦有自焉。

唐阉人仇仁良致仕,其党送归私第,教以固宠之术曰:"天子不可令闲,尝当以奢靡娱其耳目,使日新月盛,无暇及他事。"又曰:"谨勿使之读书,亲近儒生,彼见前代兴亡,知忧惧,则吾辈疏斥矣。"其党拜谢而去。此术既行,卒使天子昏惑于上,大臣壅蔽于下,兵柄在手,官爵在手,废立在手,至自称曰"定策国老",而称昭宗曰"门生天子"。呜呼!不臣之态,臣岂忍陈于君父之前。彼私求禽马,动以陛下为名,此臣之所以耻也,又何怪乎小民?陛下欲尊临宸极,泽及寰区,何不反其术而用之,勿为其所陷也。且阉寺闻名,国之不祥也,是以尧舜阉寺,不闻于《典》《谟》,三王阉寺,不闻于《誓》《诰》。竖刁闻于齐,而齐乱,伊戾闻于宋,而宋危。今此曹名字,稍稍有闻,此臣所以忧也。

窃惟万乘之尊,深居邃宇,万机之暇,何以为情?贤士大夫,晏见有时矣,宦官子女,安居前后矣。有时者易疏,前后者难间,圣情荏苒,不知其非。不若使之安扫除之役,复门户之司,凡交结往来者有禁,敢与政事者必诛。陛下日御便殿,亲近儒者,讲诗书之指归,论古今之成败,追求典故,历访民情,不在于分文析字,缔章绘句,为书生之学,以取天下之名也。呜呼！隋炀帝、陈后主岂曰不文，适足以亡国而已，果何补于人主之学欤！臣愿陛下之为学也，见前世道德之主，英明之王，则瞻之仰之，退而自省曰："吾其以此为法乎！"见前世暴虐之主，则震焉沮焉，退而自省曰："吾其以是为戒乎！"读贤臣传，默观百僚中有类是者，任之勿疑；读佞臣传，默观左右有类是者，诛之无赦。久之不倦，将闻阉寺之言，见便佞之态，如狐狸夜号，而鸱枭昼舞也，则陛下之圣德进矣。

昔唐宪宗卓卓为中兴之主，其必有以也。及观其与宰相论道于延英殿，日旰暑甚，汗透御服，宰相请退，宪宗留之曰："朕入禁中，所与游者，独宫人宦官尔，故乐与卿等共谈为理之要。"此其所以兴乎！臣闻"鸣鹤在阴，其子和之"，陛下勿谓深宫密殿，万事无迹也。然善恶未究，四海已知。历观前史所载，宫闱之谋，床笫之语，想见时君以谓宫中不得而知也，而况外庭乎？外庭不得而知也，而况天下乎？然而皎如日星，不可掩没，卒为天下后世之所嗤笑。呜呼，其亦可畏也哉！故古人有言曰："莫见乎隐，莫显乎微，故君子谨其独也。"谨独之学，其用甚大，陛下不可不知也。古之圣人所以端拱岩廊，而四方万里，日趋于治，天地清明，日星循轨，百谷用成，蛮夷率服，用此道也。心一不善，足以伤天地之和；心欲悔过，固已同天地之德。古之圣人所以趋众善之门，而得改过之要者，不过听谏一路而已。此臣所学于师，盖以为持颠扶危之术也。舜圣人也，而益戒之以罔游于逸，罔淫于乐；武王亦圣人也，而召公戒之以不矜细行，终累大德。以至禹有善言之拜，汤有改过之称。汉高祖何人也，止能听谏，故能成四百载之大业；唐太宗亦何人也，止能听谏，故能成三百载之洪基。至于商纣杀谏臣，其祚终归于周室；成帝杀谏臣，其祚终移于王氏；明皇杀谏臣，其祚终微于禄山。杀一谏臣，真若无与于治乱也？然乱臣贼子，苛政虐刑，一切不得闻也，不亡何待乎！故臣愿陛下先以谨独为心，后以听谏为意，奖借言路，以旌直士之风，以至远阉寺，亲儒臣，以成就规模之大，此臣所望于陛下也。

草茅贱士，充赋在庭者，志在一第尔。独臣不揆愚贱，妄议国体，负罪于不可赦，可谓愚矣。然臣闻天下之事，宰相能行之，谏官能言之。职不在此，虽抱奇策，拥雄材，无路可进，卒于老死而已。伏惟国家策士之制，上自公卿之子弟，下至山林之匹夫，皆得自竭以罄其所怀。非天子黜陟赏罚之吏，而得议百官之长短；非天子钱谷大农之吏，而得推财赋之多少；非天子帷幄将帅之臣，而得论兵革之强弱。则夫宰相、谏官之事，一旦得以详说而悉数之，而臣何敢无说以处于此。又况晏子一言，而使齐侯省刑；田千秋一言，而使武帝念太子；柳伉一言，而使代宗黜程元振。谁谓皇皇大宋，无其人乎！《皋陶谟》曰："天叙有典。"是父子之间，君臣之际，无非天理也。臣处闱门之内，勉明孝道久矣。今自山林中来，望见陛下，突兀孤忠，卓然发于悃愊，不可遏也。此盖天理自然，无足怪者。臣或志在爵禄，不为陛下一言，臣谁欺，欺天乎！故臣虽进一言，退受铁钺之诛于司败，不忍欺天，以昧此心也！惟陛下幸赦其愚。臣谨对。

帝评语——宋高宗赵构：

士人初进，便须别其忠佞，九成所对，上自朕躬，下至百执事情，言之无所畏避，宜首选。

绍熙四年（1193）癸丑科 状元：陈亮

陈亮

陈亮（公元1143年—公元1194年），字同甫，初名汝能，26岁改名为亮，36岁改名为同，学者称其为龙川先生，浙江永康人。陈亮"才气超迈，喜谈兵事"，十八九岁时就写出了著名的《酌古论》，对汉光武帝、刘备、曹操、孙权等历史人物的军事活动进行分析，总结经验教训，为抗金斗争提供借鉴。陈亮曾多次向宋孝宗上书表述自己的抗金主张，并提出一系列政治经济改革措施，留下了著名的《中兴论》（又名《中兴五论》）。

陈亮一生三次入狱，每一次都险些丧命。他第三次出狱后，来不及回故乡与亲人相见，就直接在京师参加省试。宋光宗绍熙四年（公元1193年）考取状元，当时他已51岁高龄。第二年，陈亮逝世。宋理宗时，追谥"文毅"。陈亮开创了永康学派（又称龙川学派），与永嘉学派并称为事功学派，倡导经世济民的"事功之学"。陈亮在散文和诗词领域也取得了一定成就，政论文十分有名，也是南宋豪放派词人的代表人物之一。

取士情况

绍熙四年(公元 1193 年)癸丑科的殿试知贡举为赵汝愚,同知贡举为黄裳、胡琢。这一年的殿试以"礼乐刑政之要"为题,陈亮以师道、君道为对。当时宋光宗和太上皇关系比较紧张,甚至都不愿与太上皇相见。宋光宗满耳听到指责他不朝见太上皇有悖伦常之类的内容,不由得心恼,当他看到陈亮对光宗父子关系的精彩论述后,感到很欣慰。原本陈亮的对策在廷试中位列第三,宋光宗御笔亲擢,把他定为第一。

本科取士 386 人,省元为徐邦宪。

殿试策问

问:朕以凉菲,承寿皇付托之重,夙夜祗翼,思所以遵慈谟、蹈明宪者,甚切至也。临政五年于兹,而治不加进,泽不加广。岂教化之实未著,而号令之意未孚耶?士大夫,风俗之倡也,朕所以劝励其志者不为不勤,而偷惰之习犹未尽革。狱,民之大命也,朕所以选任其官者不为不谨,而冤滥之弊或未尽除。意者狃于常情则难变,玩于虚文则弗畏乎?且帝者之世,贤和于朝,物和于野,俗固美矣,然谗说殄行,乃以为虑。画衣冠,异章服,而民不犯。刑既措矣,然怙终贼刑,必使加审,何也?得非薰陶训厉,自有旨欤?今欲为士者精白承德,而趋向一于正,为民者迁善远罪而讼诉归于平。名宾于实而是非不能文其伪,私灭于公而爱恶莫可容其情;节俭正直之谊兴行于庶位,哀矜审克之惠周浃于四方,果何道以臻此?

子大夫待问久矣,咸造在庭,其为朕稽古今之宜,推治化之本,凡可以同风俗、清刑罚、成泰和之效者,悉意而条陈之,朕将亲览。

状元殿试卷对策

臣对：臣闻人主以厚处其身，而未尝以薄待天下之人，故人皆可以为尧舜。而昔人谓其以己而观之者，天地之性本同也。夫天佑下民，而作之君、作之师。礼乐刑政，所以董正天下而君之也；仁义孝悌，所以率先天下而为之师也。二者交修而并用，则人心有正而无邪，民命有直而无枉，治乱安危之所由以分也。尧舜三代之治所以独出于前古者，君道师道无一之或阙也。后世之所谓明君贤主，于君道容有未尽，而师道则遂废矣。夫天下之事，孰有大于人心之与民命者乎？而其要则在夫一人之心也。人心无所一，民命无所措，而欲论古今沿革之宜，究兵财出入之数，以求尽治乱安危之变，是无其地而求种艺之必生也，天下安有是理哉！

臣恭惟皇帝陛下，谦恭求治，常若不及，深念夫人心之不易正，而民命之未易生全也。进臣等布衣于廷，而赐以圣问曰："朕以凉菲，承寿皇付托之重，夙夜祗翼，思所以遵慈谟、蹈明宪者，甚切至也。"臣窃叹陛下之于寿皇，莅政二十有八年之间，宁有一政一事之不在圣怀，而问安视寝之余，所以察词而观色，因此而得彼者，其端甚众，亦既得其机要而见诸施行矣。岂徒一月四朝，而以为京邑之美观也哉！而圣问又曰："临政五年于兹，而治不加进，泽不加广。岂教化之实未著，而号令之意未孚耶？"臣于是知陛下求治若不及之心，如天之运而不已也。臣闻禹立三年，百姓以仁遂焉。推其本原，则曰克俭克勤，不自满假而已。今时和岁丰，边鄙不耸，亦几古之所谓小康者。陛下犹察其治之不加进，泽之不加广，而欲求其所谓教化之实，号令之意者，盖深知人心之未易正，民命之未易生全也。臣请为陛下诵君道、师道，以副陛下求治不已之心焉。

夫所谓教化之实，则不可以颊舌而动之矣，仁、义、孝、悌以尽人君之所谓师道可也。所谓号令之意，则不可以权力而驱之矣，礼、乐、刑、政以尽人君之所谓君道可也。

夫天下之学，不能以相一。而一道德以同风俗者，乃五皇极之事也。

极曰皇，而皇居五者，非九五之位则不能以建极也。以大公至正之道而察天下之不协于极，不罹于咎者，悉比而同之，此岂一人之私意小智乎？无偏无党，无反无侧，以会天下于有极而已。吾夫子列四科，而厕德行于言语、政事、文学者，天下之长俱得而自进于极也。然而德行先之者，天下之学固由是以出也。《周官》之儒以道得民，师以贤得民，亦以当得民之二条耳。而二十年来，道德性命之学一兴，而文章政事几于尽废。其说既偏，而有志之士盖尝患苦之矣。十年之间，群起而沮抑之，未能止其偏、去其伪，而天下之贤者先废而不用，旁观者亦为之发愤以昌言，则人心何繇而正乎！臣愿陛下明师道以临天下，仁、义、孝、悌交发而示之，尽收天下之人材。长短小大，各见诸用。德行、言语、政事、文学，无一之或废，而德行常居其先，荡荡乎与天下共繇于斯道，则圣问所谓"士大夫，风俗之倡也，朕所以劝励其志者不为不勤，而偷惰犹未尽革"，殆将不足忧矣。若使以皇极为名，而取其偷惰者而用之，以阴消天下之贤者，则风俗日以偷，而天下之事去矣。

夫天下之情，不能以自尽，而执八柄以驭臣民者，乃六三德之事也。强弱异势而随时弛张者，人主所以独运陶钧，而退藏于密者也。用玉食不可同之势，而察威福之有害于家、凶于国者，悉取而执之，此岂臣下之所得而亵用乎！沉潜刚克，高明柔克，以明刑法之适平而已。吾夫子为鲁司寇，民有犯孝道者，不忍置诸刑。其说以为教之不至，则未庸以杀。而少正卯则七日而诛之，盖动摇吾民，不可一朝居也。《周官》之刑平国用中典，盖不欲自为轻重耳。而二三十年来，罪至死者，不问其情而皆附法以谳，往往多至于幸生。其事既偏，而平心之人皆不以为然矣。数年以来，典刑之官遂以杀为能，虽可生者亦付以死。而庙堂或以为公而尽从之，使奏谳之典反以济一时之私意，而民命何从而全乎！臣愿陛下尽君道以宰天下，礼乐刑政并出而用之。凡天下奏谳之事，长案碎款，尽使上诸刑寺。其情之疑轻者，驳就宽典。至其无可出而后就极刑，皆据案以折之，不得自为轻重。则圣问所谓"狱，民之大命也，朕所以选任其官者不为不谨，而冤滥之弊或未尽除"，殆将不足忧矣。若使以福威在己而欲一日尽去其冤滥，人之私意固不可信，而吾能自保其无私乎？不如付之有司之犹有准绳也。

圣问又曰："意者狃于常情则难变，玩于虚文则弗畏乎？"臣以为人主以厚处其身，而未尝以薄待天下之人，安有吾身之既至而天下之终不可化者乎！臣愿陛下明师道、君道以先之而已。此所谓教化之实、号令之意者也。

臣伏读圣策曰："且帝者之世，贤和于朝，物和于野，俗固美矣，然谗说殄行，乃以为虑。"臣有以见陛下深知人心之未易正也。昔者尧舜以师道临天下，苟可以教之者，无所不用其至矣。而说之横入于人心者，谓之谗说；行之高出于人心者，谓之殄行。人心之危，说有以横入之，则受矣；行有以高出之，则伏矣。此所谓震惊，而尧舜之所忧也。故必有纳言之官，使王命、民言交出迭入，而得以同归于道，而天下之学一矣。及周之衰，天下之学争起肆出，不能相下。而向之所谓谗说殄行者，一变而为乡原，务以浸润于人心，自纳于流俗。天下之学既不能以相一，而其势不屈而自归。孔孟盖深畏之，以其非复尧舜之时所尝有也。愿陛下畏乡原甚于尧舜之畏谗说殄行，则人心之正有日矣。

臣伏读圣策曰："画衣冠，异章服，而民不犯。刑既措矣，然怙终贼刑，必使加审，何也？"臣有以见陛下深知民命之未易生全也。方尧舜以君道宰天下，禹平水土，稷降播种，民固已乐其有生矣。而皋陶明刑以示之，塞其不可由之涂，使得优游于契之教、伯夷之礼。天下之人皆知禹、夷、稷、契之功，而皋陶之所以入于人心者，隐然而不可诬也。后世之为天下者，刑一事而已矣。宽简之胜于微密也，温厚之胜于严厉也，其功皆可言，而皋陶不言之功则既废矣。夫鞭作官刑，扑作教刑，金作赎刑，眚灾肆赦，怙终贼刑。官刑既如彼，教刑又如此，情之轻者释以财，情之误者释以令，凡可出者悉皆出之矣。其所谓怙终贼刑者，盖其不可出者也，天下之当刑者能几人？后世之轻刑，未有如尧舜之世者也，愿陛下考尧舜之所以轻刑之繇，则民命之全可必矣。

而圣策又曰："得非薰陶训厉，自有旨欤？"臣之所以反复为陛下言之者，苟尽师道则薰陶在其中，苟尽君道则训厉不足言矣。尧舜之所以治天下者，岂能出吾道之外哉！仁义孝悌，礼乐刑政，皆其物也。

臣伏读圣策曰："今欲为士者精白承德，而趋向一于正，为民者迁善远罪而讼诉归于平。"臣有以见陛下之未尝以薄待天下之人也。彼亦何忍以异类自为哉！而圣策又曰："名宾于实而是非不能文其伪，私灭于公而爱恶莫可容其情。"则圣意不免于小疑矣。然而天下之学贵乎正，天下之情贵乎平，其终固未尝不归于厚也。夫今日之患，正在夫名实是非之未辩，公私爱恶之未明，其极至于君子小人之分犹未定也。伊尹论"有言逆于汝心，必求诸道；有言逊于汝志，必求诸非道"，其说近矣。而汉之谷永，其言未尝不逆；唐之李泌，其言未尝不顺，则人心庸有定乎！孟子论国人皆曰贤，必察见其贤而后用之；国人皆曰可杀，必察见其可杀而后杀之。其说密于伊尹矣。然为人上者，何从而得国人之论也。凡今之进言于陛下之前者，孰不自以为是，而自以为公哉！陛下亦尝察舆论之曰贤者而用之矣，然而人之分量有限，其心未能尽平也，未能举无私也。小人乘间而肆言以为公，力抵以为直，陛下亦不能不惑之矣。遂欲两存之以为平，薰莸决无同器之理也。名实是非当日以淆，而公私爱恶未知所定，何望夫风俗之正而刑罚之清哉！陛下见其贤而用之，举动之小偏，则勿行而已耳。君臣固当相与如一体也，何至有肆谗之人以恐惧其心志，而徊徨其进退哉！陛下苟能明辨名实是非之所在，公私爱恶之所归，则治乱安危于是乎分，而天下之大计略定矣。风俗固不期而正，刑罚固不期而清也。清白承德，迁善远罪，直其细耳。

而圣策又曰："节俭正直之谊兴行于庶位，哀矜审克之惠周浃于四方，果何道以臻此？"其要在于辩名实是非之所在，公私爱恶之所归；其道则以厚处其身，而未尝以薄待天下之人而已。陛下三载一策多士，宜若以踵故事也，宜若以为文具也。草茅亦以故事视之，以文具应之。过此一节，则异时高爵重禄，陛下不得而靳之矣。陛下图其名，而草茅取其实，此岂国家之所便哉！正人心以立国本，活民命以寿国脉，二帝三王之所急先务也。陛下用以策士，则既不鄙夷之矣。于其末又复策臣等曰："子大夫待问久矣，咸造在廷，其为朕稽古今之宜，推治化之本，凡可以同风俗、清刑罚、成泰和之效者，悉意而条陈之。朕将亲览。"臣有以见陛下必欲正人心、全民命、以尽君师之道，而自达于二帝三王之治而后已。顾臣何人，岂足以奉大对？臣窃观陛下以厚处其身，而未尝薄待天下之人。既得正人心、全民命之本矣，而犹欲臣稽古今之宜，推治化之本。夫以厚处身之道，岂有穷哉！使天下无一人之有疑焉可也。

陛下之圣孝，虽曾闵不过，而定省之小夺于事，则人得以疑之矣。陛下之即日如故，而疑者不愧其望陛下之以厚自处为无已也。陛下之英断自天，不借左右以辞色，而废置予夺之不当，则人得以疑之矣。陛下之终无所假，而疑者亦不愧其望陛下之以厚自处为无已也。"云上于天，需，君子以饮食宴乐。"而九五之需于饮食者，待时以有为，当于此乎需也。岂以陛下之圣明而有乐于此哉！然而人心不能无疑也。"明两作离，大人以继明照四方。"而六五之出涕沱若，戚嗟若。两明相照，抚心自失，而不敢以敌体也。岂以陛下之英武而肯郁郁于此哉！然而人心不能无疑也。臣愿圣孝日加于一日，英断事逾于一事，奋精明于宴安之间，起心志于谦抑之际，使天下无一人之有疑，而陛下终为寿皇继志而述事。则古今之宜，莫便于此；治化之本，莫越于此。同风俗以正人心，清刑罚以全民命，而明效大验，可以为万世无穷之法，其本则止于厚处其身而已。《诗》不云乎："维天之命，于穆不已，文王之德之纯。"而子思亦曰："纯亦不已。"夫以厚处其身，岂有穷哉！

臣昧死谨上愚对。

宝祐四年（1256）丙辰科　状元：文天祥

文天祥

文天祥（公元1236年—公元1283年），字宋瑞，号文山，江西吉州（今江西吉安）人。他的父亲被称为草斋先生，文天祥年少时，父亲便亲自教他。

文天祥从16岁起，便开始游学，四处求师。宋理宗宝祐三年（公元1255年），文天祥转入白鹭洲书院，拜入欧阳守道门下，进步颇大。文天祥状元及第后，历任校书郎、瑞州知州、右丞相等职。

宋恭帝德祐元年（公元1275年），元军南下攻宋，文天祥散尽家财组织军队抗元救国。然而由于实力悬殊，文天祥苦战东南最终还是兵败被俘。文天祥在被押解途中经过零丁洋时，留下了千古流传的《过零丁洋》，其中"人生自古谁无死，留取丹心照汗青"正是他坚守家国大义的真实写照。

文天祥被押至元大都，面对威逼利诱、轮番劝降，仍誓死不屈，写下了气壮山河的《正气歌》。元世祖眼见劝降无望，就下令把他处死。元世祖至元十九年十二月（公元1283年1月），文天祥在柴市口被杀害，享年47岁。

　　文天祥死后，人们从他的衣服里发现了一篇绝命自赞，上面写着："孔曰成仁，孟曰取义，惟其义尽，所以仁至。读圣贤书，所学何事？而今而后，庶几无愧。"这些话显示出他自己坚守理想死而无憾的英雄气概。明代宗时，赐文天祥谥号为"忠烈"。文天祥抗争不屈的精神和爱国情怀，激励了后世许多仁人志士，产生了深远的影响。如他的《过零丁洋》和《正气歌》等诗文，不仅具有很高的艺术成就，也为后世留下了宝贵的人格精神财富。文天祥生平著作颇丰，经后人整理为《文山先生全集》。

取士情况

　　宝祐四年（公元1256年），文天祥到临安参加会试和殿试。据说文天祥由于旅途劳累，殿试当天强打精神来应试。不过应答时他依然能够文思泉涌，在对策中大胆地提出自己的主张。他提倡改革政治，文章深得皇帝赞许，被钦点为状元。

　　本科殿试知贡举为陈显伯、姚希得等人，取士601人，省元为彭方迥。

殿试策问

　　问：盖闻道之大原出于天，超乎无极太极之妙，而实不离乎日用事物之常；根乎阴阳五行之赜，而实不外乎仁义礼智、刚柔善恶之际。天以澄著，地以靖谧，人极以昭明，何莫由斯道也？圣圣相传，同此一道。由修身而治人，由致知而齐家、治国、平天下。本之精神心术，达之礼乐刑政，其体甚微,其用则广,历千万世而不可易。然功化有浅深,证效有迟速者,何欤?朕以寡昧,临政愿治,于兹历年。志愈勤,道愈远,窅乎其未朕也,朕心疑焉。子大夫明先圣之术,咸造在廷,必有切至之论,朕将虚己以听。

《三坟》而上,大道难名;《五典》以来,常道始著。日月星辰顺乎上,鸟兽草木若于下。"九功惟叙,四夷来王,百工熙哉,庶事康哉",非圣神功化之验欤?然人心道心,寂寥片语,其危微精一之妙,不可以言既欤?誓何为而畔?会何为而疑?俗何以不若结绳?治何以不若画像?以政凝民,以礼凝士,以《天保》《采薇》治内外,忧勤危惧,仅克有济,何帝王劳逸之殊欤?抑随时损益,道不同欤?及夫六典建官,盖为民极,则不过曰治、曰教、曰礼、曰政、曰刑、曰事而已,岂道之外,又有法欤?

自时厥后,以理欲之消长,验世道污隆,阴浊之日常多,阳明之日常少。刑名杂霸,佛老异端,无一毫几乎道,驳乎无以议为。然务德化者,不能无上郡、雁门之警;施仁义者,不能无末年轮台之悔。甚而无积仁累德之素,纪纲制度,为足维持凭藉者,又何欤?

朕上嘉下乐,夙兴夜寐,靡遑康宁。道久而未洽,化久而未成。天变洊臻,民生寡遂。人才乏而士习浮,国计殚而兵力弱。符泽未清,边备孔棘,岂道不足以御世欤?抑化裁推行有未至欤?夫"不息则久,久则征",今胡为而未征欤?"变则通,通则久",今其可以屡更欤?

子大夫熟之复之,勿激勿泛,以副朕详延之意。

状元殿试卷

臣对:恭惟皇帝陛下,处常之久,当泰之交,以二帝三王之道会诸心,将三纪于此矣。臣等鼓舞于鸢飞鱼跃之天,皆道体流行中之一物,不自意得旅进于陛下之庭,而陛下且嘉之论道。道之不行也久矣,陛下之言及此,天地神人之福也。然臣所未解者,今日已当道久化成之时,道洽政治之候,而方歉焉有志勤道远之疑，岂望道而未之见耶？臣请溯太极动静之根，推圣神功化之验，就以圣问中"不息"一语，为陛下勉，幸陛下试垂听焉！

臣闻天地与道同一不息，圣人之心与天地同一不息。上下四方之宇，往古来今之宙，其间百千万变之消息盈虚，百千万事之转移阖辟，何莫非道。所谓道者，一不息而已矣。道之隐于浑沦，藏与未雕未琢之天，当是时，无极太极之体也。自太极分而阴阳，则阴阳不息，道亦不息；阴阳散而五行，则五行不息，道亦不息；自五行又散而为人心之仁、义、礼、智、刚、柔、善、恶，则乾道成男，坤道成女。穿壤间生生化化之不息，而道亦与之相为不息。然则道一不息，天地亦一不息；天地之不息，固道之不息者为之。圣人出，而为天地立心，为生民立命，为往圣继绝学，为万世开太平，亦不过以一不息之心充之。充之而修身治人，此一不息也；充之而致知，以至齐家、治国、平天下，此一不息也；充之而自精神心术，以至于礼乐刑政，亦此一不息也。自有《三坟》《五典》以来，以至于太平、六典之世，帝之所以帝，王之所以王，皆自其一念之不息者始。秦、汉以降，而道始离。非道之离也，知道者之鲜也。虽然，其间英君谊辟，固有号为稍稍知道矣，而又沮于行道之不力；知务德化矣，而不能不尼之以黄、老；知施仁义矣，而不能不遏之以多欲；知四年行仁矣，而不能不画之以近效。上下二三千年间，牵补过时，架漏度日，毋怪夫驳乎无以议为也。独惟我朝式克至于今日休。

陛下传列圣之心，以会艺祖之心；会艺祖之心，以参帝王之心，参天地之心。三十三年间，臣知陛下不贰以二，不参以三，茫乎天运，窅尔神化。此心之天，混兮辟兮，其无穷也。然临御浸久，持循浸熟，而算计见效，犹未有以大快圣心者。上而天变不能以尽无，下而民生不能以尽遂，人才士习之未甚纯，国计兵力之未甚充，以至盗贼兵戈之警，所以贻宵旰之忧者，尤所不免。然则行道者，殆无验也邪？臣则以为道非无验之物也，道之功化甚深也，而不可以为迟；道之证效甚迟也，而不可以为速。"维天之命，于穆不已"。天地之所以为天地也。"之德之纯，纯亦不已"。圣人之所以为圣人也。为治，顾力行何如耳？焉有行道于岁月之暂，而遽责其验之为迂且远邪？臣之所望于陛下者，法天地之不息而已。姑以近事言：则责躬之言方发，而阴雨旋霁，是天变未尝不以道而弭也；赈饥之典方举，而都民欢呼，是民生未尝不以道而安也。论辩建明之诏一颁，而人才士习，稍稍浑厚。招填条具之旨一下，而国计兵力，稍稍充实。安吉、庆元之小获，维扬、泸水之隽功，无非忧勤于道之明验也。然以道之极功论之，则此浅效耳，速效耳。指浅效速效，而遽以为道之极功，则汉唐诸君之用心是也。陛下行帝而帝，行王而王，而肯袭汉唐事邪？此臣所以赞陛下之不息也。陛下倘自其不息者而充之，则与阴阳同其化，与五行同其运，与乾坤生生化化之理同其无穷。虽充而为三纪之风移俗易可也，虽充而为四十年囹空刑措可也，虽充而为百年德洽于天下可也，虽充而为卜世过历亿万年敬天之休可也。岂止如圣问八者之事，可徐就理而已哉？臣谨昧死上愚对。

臣伏读圣策曰："盖闻道之大原出于天，超乎无极太极之妙，而实不离乎日用事物之常；根乎阴阳五行之赜，而实不外仁义礼智、刚柔善恶之际。天以澄著，地以靖谧，人极以昭明，何莫由斯道也？圣圣相传，同此一道。由修身而治人，由致知而齐家、治国、平天下。本之于精神心术，达之于礼乐刑政，其体甚微，其用则广，历千万世而不可易。然功化有浅深，证效有迟速，何欤？朕以寡昧，临政愿治，于兹历年。志愈勤，道愈远，窅乎其未朕也，朕心疑焉。子大夫明先王之术，咸造在庭，必有切至之论，朕将虚己以听。"臣有以见陛下溯道之本原，求道之功效，且疑而质之臣等也。臣闻圣人之心，天地之心也；天地之道，圣人之道也。分而言之，则道自道，天地自天地，圣人自圣人；合而言之，则道一不息也，天地一不息也，圣人亦一不息也。臣请溯其本原言之。

茫茫堪舆，块圠无垠；浑浑元气，变化无端。人心仁义礼智之性未赋也，人心刚柔善恶之气未禀也。当是时，未有人心，先有五行；未有五行，先有阴阳；未有阴阳，先有无极太极；未有无极太极，则太虚无形，冲漠无朕，而先有此道。未有物之先，而道具焉，道之体也；既有物之后，而道行焉，道之用也。其体则微，其用甚广。即人心，而道在人心；即五行，而道在五行；即阴阳，而道在阴阳；即无极太极，而道在无极太极。贯显微，兼费隐，包小大，通物我。道何以若此哉？道之在天下，犹水之在地中；地中无往而非水，天下无往而非道。水，一不息之流也；道，一不息之用也。天以澄著，则日月星辰循其经；地以靖谧，则山川草木顺其常；人极以昭明，则君臣父子安其伦。流行古今，纲纪造化，何莫由斯道也？一日而道息焉，虽三才不能以自立。道之不息，功用固如此。夫圣人体天地之不息者也，天地以此道而不息，圣人亦以此道而不息。圣人立不息之体，则敛于修身；推不息之用，则散于治人。立不息之体，则寓于致知以下之功夫；推不息之用，则显于齐家、治国、平天下之效验。立不息之体，则本之精神心术之微；推不息之用，则达之礼乐刑政之著。圣人之所以为圣人者，犹天地之所以为天地也。道之在天地间者，常久而不息；圣人之于道，其可以顷刻息邪？言不息之理者，莫如大易，莫如中庸。大易之道，至于"乾道变化，各正性命，保合太和"。而圣人之论法天，乃归之自强不息。中庸之道，至于"溥博渊泉""上天之载，无声无臭"。而圣人之论配天地，乃归之"不息则久"。岂非乾之所以刚健中正、纯粹精也者，一不息之道耳。是以法天者，亦以一不息。中庸之所以高明博厚、悠久无疆者，一不息之道耳。是以配天地者，亦以一不息。以不息之心，行不息之道，圣人即不息之天地也。

陛下临政愿治，于兹历年。前此不息之岁月，犹日之自朝而午；今此不息之岁月，犹日之至午而中。此正勉强行道，大有功之日也。陛下勿谓数十年间，我之所以担当宇宙，把握天地，未尝不以此道。至于今日，而道之验如此其迂且远矣。以臣观之，道犹百里之途也，今日则适六七十之候也。进于道者，不可以中道而废；游于途者，不可以中途而尽。孜孜矻矻而不自已焉，则适六七十里者，固所以为至百里之阶也。不然，自止于六七十里之间，则百里虽近，焉能以一武到哉？道无浅功化，行道者何可以深为迂？道无速证效，行道者何可以迟为远？惟不息，则能极道之功化；惟不息，则能极道之证效。气机动荡于三极之间，神采灌注于万有之表，要自陛下此一心始。臣不暇远举，请以仁宗皇帝事，为陛下陈之。仁祖，一不息之天地也。康定之诏曰"祗勤抑畏"，庆历之诏曰"不敢荒宁"，皇祐之诏曰"缅念为君之难，深惟履位之重"。庆历不息之心，即康定不息之心也；皇祐不息之心，即庆历不息之心也。当时，仁祖以道德感天心，以福禄胜人力，国家绥静，边鄙宁谧。若可以已矣，而犹未也。至和元年，仁祖之三十三年也，方且露立仰天，以畏天变；碎通天犀，以救民生。处贾黯吏铨之职，擢公弼殿柱之名，以厚人才，以昌士习；纳景初减用之言，听范镇新兵之谏，以裕国计，以强兵力。以至讲《周礼》，薄征缓刑，而拳拳以道贼为忧；选将帅，明纪律，而汲汲以西戎北房为虑。仁祖之心，至此而不息，则与天地同其悠久矣。陛下之心，仁祖之心也。范祖禹有言："欲法尧舜，惟法仁祖。"臣亦曰："欲法帝王，惟法仁祖。"法仁祖则可至天德，愿加圣心焉！

臣伏读圣策曰："《三坟》以上云云，岂道之外，又有法欤？"臣有以见陛下慕帝王之功化证效，而亦意其各有浅深迟速也。臣闻帝王行道之心，一不息而已矣。尧之兢兢，舜之业业，禹之孜孜，汤之栗栗，文王之不已，武王之无贰，成王之无逸，皆是物也。《三坟》远矣，《五典》犹有可论者。臣尝以《五典》所载之事推之：当是时，日月星辰之顺，以道而顺也；鸟兽草木之若，以道而若也；九功惟叙，以道而叙也；四夷来王，以道而来王也。百工以道而熙，庶事以道而康。光天之下，至于海隅苍生，盖无一而不拜帝道之赐矣。垂衣拱手，以自逸于土阶岩廊之上，夫谁曰不可？而尧舜不然也。方且考绩之法，重于三岁，无岁而敢息也；授历之命，严于四时，无月而敢息也；凛凛乎一日二日之戒，无日而敢息也。此犹可也。授受之际，而尧之命舜，乃曰"允执厥中"。夫谓之执者，战兢保持而不敢少放之谓也。味斯语也，则尧之不息可见矣。《河图》出矣，《洛书》见矣，执中之说未闻也，而尧独言之。尧之言赘矣，而舜之命禹，乃复益之以"人心惟危，道心惟微，惟精惟一"之三言。夫致察于危、微、精、一之间，则其战兢保持之念，又有甚于尧者，舜之心其不息又何如哉！是以尧之道化，不惟验于七十年在位之日；舜之道化，不惟验于五十年视阜之时。读"万世永赖"之语，则唐虞而下，数千百年间，天得以为天，地得以为地，人得以为人者，皆尧舜之赐也。然则功化抑何其深，证效抑何其迟欤！

降是而王，非固劳于帝者也。太朴日散，风气日开，人心之机械日益巧，世变之乘除不息，而圣人之所以纲维世变者，亦与之相为不息焉。俗非结绳之淳也，治非画像之古也，师不得不誓，侯不得不会，民不得不凝之以政，士不得不凝之以礼。内外异治，不得不以《采薇》《天保》之治治之。以至六典建官，其所以曰治、曰政、曰礼、曰教、曰刑、曰事者，亦无非扶世道而不使之穷耳。以势而论之，则夏之治不如唐虞，商之治又不如夏，周之治又不如商。帝之所以帝者何其逸，王之所以王者何其劳。栗栗危惧，不如非心黄屋者之为适也；始于忧勤，不如恭己南面者之为安也。然以心而观，则舜之业业，即尧之兢兢；禹之孜孜，即舜之业业；汤之栗栗，即禹之孜孜。文王之不已，武王之无贰，成王之无逸，何莫非兢兢、业业、孜孜、栗栗之推也。道之散于宇宙间者，无一日息；帝王之所以行道者，亦无一日息。帝王之心，天地之心也，尚可以帝者之为逸，而王者之为劳耶？臣愿陛下求帝王之道，必求帝王之心，则今日之功化证效，或可与帝王一视矣。

臣伏读圣策曰："自时厥后云云，亦足以维持凭藉者，何欤？"臣有以见陛下陋汉唐之功化证效，而且为汉唐世道发一慨也。臣闻不息则天，息则人；不息则理，息则欲；不息则阳明，息则阴浊。汉唐诸君天资敏，地位高，使稍有进道之心，则六五帝、四三王，亦未有难能者。奈何天不足以制人，而天反为人所制；理不足以御欲，而理反为欲所御；阳明不足以胜阴浊，而阳明反为阴浊所胜。是以勇于进道者少，沮于求道者多，汉唐之所以不唐虞三代也欤！虽然，是为不知道者言也，其间亦有号为知道者矣。汉之文帝、武帝,唐之太宗,亦不可谓非知道者,然而亦有议焉。先儒尝论汉唐诸君,以公私义利分数多少为治乱。三君之心,往往不纯乎天,不纯乎人,而出入于天人之间;不纯乎理,不纯乎欲,而出入乎理欲之间;不纯乎阳明,不纯乎阴浊,而出入乎阳明阴浊之间。是以专务德化,虽足以陶后元泰和之风,然而尼之以黄、老,则雁门上郡之警不能无;外施仁义,虽足以致建元富庶之盛,然而遏之以多欲,则轮台末年之悔不能免;四年行仁,虽足以开贞观升平之治,然而画之以近效,则纪纲制度,曾不足为再世之凭藉。盖有一分之道心者,固足以就一分之事功;有一分之人心者,亦足以召一分之事变,世道污隆之分数,亦系于理欲消长之分数而已。

然臣尝思之,汉唐以来,为道之累者,其大有二:一曰杂伯,二曰异端。时君世主,有志于求道者,不陷于此,则陷于彼。姑就三君而言,则文帝之心,异端累之也;武帝、太宗之心,杂伯累之也。武帝无得于道,宪章六经,统一圣真,不足以胜其神仙、土木之私,干戈、刑罚之惨,其心也荒。太宗全不知道,闺门之耻,将相之夸,末年辽东一行,终不能以克其血气之暴,其心也骄。杂伯一念,憧憧往来,是固不足以语常久不息之事者。若文帝稍有帝王之天资,稍有帝王之地步,一以君子长者之道待天下,而晁错辈刑名之说,未尝一动其心,是不累于杂伯矣。使其以二三十年恭俭之心,而移之以求道,则后元气象,且将骎骎乎商周,进进乎唐虞。奈何帝之纯心,又间于黄老之清净,是以文帝仅得为汉唐之令主,而不得一侪于帝王。呜呼!武帝、太宗,累于杂伯,君子固不敢以帝王事望之。文帝不为杂伯所累,而不能不累于异端,是则重可惜已。臣愿陛下监汉唐之迹,必监汉唐之心,则今日之功化证效,将超汉唐数等矣。

臣伏读圣策曰:"朕上嘉下乐云云,抑化裁推行,有未至欤?"臣有以见陛下念今日八者之务,而甚有望乎为道之验也。臣闻天变之来,民怨招之也;人才之乏,士习蛊之也;兵力之弱,国计屈之也;虏寇之警,盗贼因之也。夫陛下以上嘉下乐之勤,夙兴夜寐之劳,怅岁月之逾迈,亦欲以少见吾道之验耳。俯视一世，未能差强人意。八者之弊，臣知陛下为此不满也。陛下分而以八事问，臣合而以四事对，请得以熟数之于前。何谓天变之来？民怨招之也。"天视自我民视，天听自我民听"，"天明畏，自我民明威"。人心之休戚，天心所因以为喜怒者也。熙宁间大旱，是时河、陕流民入京师。监门郑侠画《流民图》以献，且曰："陛下南征北伐，皆以胜捷之图来上，料无一人以父母妻子、迁移困顿、皇皇不给之状为图以进者。览臣之图，行臣之言，十日不雨，乞正欺君之罪！"上为之罢新法十八事，京师大雨八日。天人之交，间不容发，载在经史，此类甚多。陛下以为今之民生何如邪？今之民生困矣！自琼林、大盈积于私贮，而民困；自建章、通天频于营缮，而民困；自献助迭见于豪家巨室，而民困；自和籴不问于闾阎下户，而民困；自所至贪官暴吏，视吾民如家鸡圈豕，惟所咀啖，而民困。呜呼！东南民力竭矣。《书》曰："怨岂在明，不见是图。"今尚可谓之不见乎？《书》曰："怨不在大，亦不在小。"今尚可谓之小乎？生斯世，为斯民，仰事俯育，亦欲各遂其父母妻子之乐；而操斧斤，淬锋锷，日夜思所以斩伐其命脉者，滔滔皆是。然则腊雪愆瑞，蛰雷愆期；月犯于木，星殒为石，以至土雨地震之变，无怪夫屡书不一尽也。臣愿陛下持不息之心，急求所以为安民之道，则民生既和，天变或于是而弭矣。

何谓人才之乏？士习蛊之也。臣闻穷之所养，达之所施；幼之所学，壮之所行。今日之修于家，他日之行于天子之庭者也。国初，诸老尝以厚士习为先务，宁收落韵之李迪，不取凿说之贾边；宁收直言之苏辙，不取险怪之刘几。建学校，则必欲崇经术；复乡举，则必欲参行艺。其后，国子监取湖学法，建经学、治道、边防、水利等斋，使学者因其名以求其实。当时如程颐、徐积、吕希哲，皆出其中。呜呼！此元祐人物之所从出也。士习厚薄，最关人才，从古以来，其语如此。陛下以为今之士习何如邪？今之士大夫之家，有子而教之。方其幼也，则授其句读，择其不戾于时好，不震于有司者，俾熟复焉。及其长也，细书为工，累牍为富。持试于乡校者，以是；较艺于科举者，以是；取青紫而得车马也，以是；父兄之所教诏，师友之所讲明，利而已矣。其能卓然自拔于流俗者，几何人哉？心术既坏于未仕之前，则气节可想于既仕之后。以之领郡邑，如之何责其为卓茂、黄霸；以之镇一路，如之何责其为苏章、何武；以之曳朝绅，如之何责其为汲黯、望之？奔竞于势要之路者，无怪也；趋附于权贵之门者，无怪也；牛维马絷，狗苟蝇营，患得患失，无所不至者，无怪也。悠悠风尘，靡靡偷俗，清芬消歇，浊滓横流，惟皇降衷秉彝之懿，萌蘖于牛羊斧斤相寻之冲者，其有几哉？厚今之人才，臣以为变今之士习，而后可也。臣愿陛下持不息之心，急求所以为淑士之道，则士风一淳，人才或于是而可得矣。

何谓兵力之弱？国计屈之也。谨按国史，治平间，遣使募京畿淮南兵，司马光言："边臣之请兵无穷，朝廷之募兵无已；仓库之粟帛有限，百姓之膏血有涯。愿罢招禁军，训练旧有之兵，自可备御。"臣闻古今天下，能免于弱者，必不能免于贫；能免于贫者，必不能免于弱。一利之兴，一害之伏，未有交受其害者。今之兵财，则交受其害矣。自东海城筑，而调淮兵以防海，则两淮之兵不足；自襄樊复归，而并荆兵以城襄，则荆湖之兵不足；自腥气染于汉水，冤血溅于宝峰，而正军忠义空于死徙者过半，则川蜀之兵又不足。江淮之兵，又抽而入蜀，又抽而实荆，则下流之兵，愈不足矣。荆湖之兵，又分而策应，分而镇抚，则上流之兵，愈不足矣。夫国之所恃以自卫者，兵也。而今之兵，不足如此，国安得而不弱哉？扶其弱而归之强，则招兵之策，今日直有所不得已者。然召募方新，调度转急，问之大农，大农无财；问之版曹，版曹无财；问之饷司，饷司无财。自岁币银绢外，未闻有画一策为军食计者。是则弱矣，而又未免于贫也。陛下自肝鬲，近又创一安边太平库，专一供军，此艺祖积缣帛以易贼首之心也，仁宗皇帝出钱帛以助兵革之心也。转易之间，风采立异，前日之弱者可强矣。然飞刍挽粟，给饷馈粮，费于兵者几何？而琳宫梵宇，照耀湖山，土木之费，则漏卮也。列灶云屯，樵苏后爨，费于兵者几何？而霓裳羽衣，靡金饰翠，宫庭之费，则尾闾也。生熟口券，月给衣粮，费于兵者几何？而量珠辇玉，幸宠希恩，戚畹之费，则滥觞也。盖天下之财，专以供军，则财未有不足者。第重之以浮费，重之以冗费，则财始瓶罄而罍耻矣。如此，则虽欲足兵，其何以给兵耶？臣愿陛下持不息之心，急求所以为节财之道，则财计以充，兵力或于是而可强矣。

何谓虏寇之警？盗贼因之也。谨按国史，绍兴间杨么寇洞庭，连跨数郡，大将王瓒不能制。时伪齐挟虏，使李成寇襄、汉，么与交通。朝廷患之，始命岳飞，措置上流。已而逐李成，擒杨么，而荆湖平。臣闻外之虏寇，不能为中国患，而其来也，必待内之变；内之盗贼，亦不能为中国患，而其起也，必将纳外之侮。盗贼而至于通虏寇，则腹心之大患也已。今之所谓虏者，固可畏矣。然而逼我蜀，则蜀帅策泸水之勋；窥我淮，则淮帅奏维扬之凯。狼子野心，固不可以一捷止之。然使之无得弃去，则中国之技，未为尽出其下，彼亦犹畏中国之有其人也。独惟旧海，在天一隅，逆雏穴之者，数年于兹。飓风瞬息，一苇可航，彼未必不朝夕为趋浙计。然而未能焉，短于舟，疏于水，惧吾唐岛之有李宝在耳。然洞庭之湖，烟水沉寂，而浙右之湖，涛澜沸惊，区区妖孽，且谓有杨么之渐矣。得之京师之耆老，皆以为此寇出没倏闪，往来翕霍，驾舟如飞，运舵如神，而我之舟师不及焉。夫东南之长技，莫如舟师，我之胜兀术于金山者以此，我之毙逆亮于采石者以此。而今此曹，反挟之以制我，不武甚矣。万一或出于杨么之计，则前日李成之不得志于荆者，未必今日之不得志于浙也。曩闻山东荐饥，有司贪市榷之利，空苏湖根本以资之，廷绅犹谓互易，安知无为其乡道者。一夫登岸，万事瓦裂。又闻魏村、江湾、福山三寨水军，兴贩盐课，以资逆雏，廷绅犹谓是。以捍卫之师，为商贾之事；以防拓之卒，开乡道之门，忧时识治之见，往往如此。肘腋之蜂虿，怀袖之蛇蝎，是其可以忽乎哉？陛下近者，命发运兼宪，合兵财而一其权，是将为灭此朝食之图矣。然屯海道者非无军，控海道者非无将，徒有王瓒数年之劳，未闻岳飞八日之捷。子太叔平符泽之盗，恐不如此，长此不已，臣惧为李成开道地也。臣愿陛下持不息之心，求所以弭寇之道，则寇难一清，边备或于是而可宽矣。

臣伏读圣策曰："夫'不息则久，久则征'。今胡为而未征欤？'变则通，通则久'，今其可以屡更欤？"臣有以见陛下久于其道，而甚有感乎《中庸》、大《易》之格言也。臣闻天久而不坠也，以运；地久而不陨也，以转；水久而不腐也，以流；日月星辰而常新也，以行。天下之凡不息者，皆以久也。《中庸》之不息，即所以为大《易》之变通；大《易》之变通，即所以验《中庸》之不息。变通者之久，固肇于不息者之久也。盖不息者其心，变通者其迹。其心不息，故其迹亦不息。游乎六合之内，而纵论乎六合之外；生乎百世之下，而追想乎百世之上。神化天造，天运无端，发微不可见，充周不可穷。天地之所以变通，固自其不息者为之；圣人之久于其道，亦法天地而已矣。天地以不息而久，圣人亦以不息而久。外不息而言久焉，皆非所以久也。臣尝读《无逸》一书，见其享国之久者，有四君焉，而其间三君为最久。臣求其所以久者，中宗之心，"严恭寅畏"也；高宗之心，"不敢荒宁"也；文王之心，无淫于逸，无游于畋也。是三君者，皆无逸而已矣。彼之无逸，臣之所谓不息也。一无逸而其效如此，然则不息者，非所以久欤？陛下之行道，盖非一朝夕之暂矣。宝、绍以来，则涵养此道；端平以来，则发挥此道；嘉熙以来，则把握此道。嘉熙而淳祐，淳祐而宝祐，十余年间，无非持循此道之岁月。陛下处此也，庭燎未辉，臣知其宵衣以待；日中至昃，臣知其玉食弗遑；夜漏已下，臣知其丙枕无寐。圣人之运亦可谓不息矣。然既往之不息者易，方来之不息者难；久而不息者易，愈久而愈不息者难。昕临大庭，百辟星布，陛下之心，此时固不息矣。暗室屋漏之隐，试一警省，则亦能不息否乎？日御经筵，学士云集，陛下之心，此时固不息矣。宦官女子之近，试一循察，则亦能不息否乎？不息于外者，固不能保其不息于内；不息于此者，固不能保其不息于彼。乍勤乍怠，乍作乍辍，则不息之纯心间矣。如此，则陛下虽欲"久则征"，臣知《中庸》九经之治，未可以朝夕见也；虽欲"通则久"，臣知《系辞》十三卦之功，未可以岁月计也。蠛蜎蠛濩之中，虚明应物之地，此全在陛下自斟酌，自执持，顷刻之力不继，则惩久之功俱废矣，可不戒哉！

可不惧哉！

陛下之所以策臣者悉矣；臣之所以忠于陛下者，亦既略陈于前矣。而陛下策之篇终复曰："子大夫熟之复之，勿激勿泛，以副朕详延之意。"臣伏读圣策至此，陛下所谓"详延"之意，盖可识矣。夫陛下自即位以来，未尝以直言罪士。不惟不罪之以直言，而且导之以直言。臣等尝恨无由以至天子之庭，以吐其素所蓄积。幸见录于有司，得以借玉阶方寸地，此正臣等披露肺肝之日也。方将明目张胆，謇謇谔谔，言天下事，陛下乃戒之以勿激勿泛。夫泛，固不切矣。若夫激者，忠之所发也。陛下胡并与激者之言而厌之邪？厌激者之言，则是将胥臣等而为容容唯唯之归邪？然则，臣将为激者欤？将为泛者欤？抑将迁就陛下之说，而姑为不激不泛者欤？虽然，奉对大庭，而不激不泛者，固有之矣。臣于汉得一人焉，曰董仲舒。方武帝之策仲舒也，慨然以欲闻大道之要为问。帝之求道，其心盖甚锐矣。然道以大言，帝将求之虚无渺冥之乡也。使仲舒于此，过言之则激，浅言之则泛。仲舒不激不泛，得一说曰"正心"。武帝方将求之虚无渺冥之乡，仲舒乃告之以真实浅近之理。兹陛下所谓切至之论也。奈何武帝自恃其区区英明之资，超伟之识，谓其自足以凌跨六合，笼驾八表，而顾如此语忽焉。仲舒以江都去，而武帝所与论道者，他有人矣，臣固尝为武帝惜也。堂堂天朝，固非汉比，而臣之贤，亦万不及仲舒，然亦不敢激，不敢泛，切于圣问之所谓道者，而得二说焉，以为陛下献，陛下试采览焉！

一曰重宰相以开公道之门。臣闻公道在天地间，不可一日壅阏，所以昭苏而涤决之者，宰相责也。然扶公道者，宰相之责；而主公道者，天子之事。天子而侵宰相之权，则公道已矣。三省枢密，谓之朝廷，天子所与谋大政，出大令之地也。政令不出于中书，昔人谓之"斜封墨敕"，非盛世事。国初，三省纪纲甚正，中书造命，门下审覆，尚书奉行。宫府之事，无一不统于宰相。是以李沆犹得以焚立妃之诏，王旦犹得以沮节度之除，韩琦犹得出空头敕以逐内侍，杜衍犹得封还内降以裁侥幸。盖宰相之权尊，则公道始有所依而立也。今陛下之所以为公道计者，非不悉矣。以贪缘戒外戚，是以公道责外戚也；以裁制戒内司，是以公道责内司也；以舍法用例戒群臣，是以公道责外廷也。雷霆发蔀，星日烛幽，天下于此，咸服陛下之明。然或谓比年以来，大庭除授，于义有所未安，于法有所未便者，悉以圣旨行之。不惟诸司升补，上渎宸奎，而统帅躐级，阁职超迁，亦以夤缘而得恩泽矣。不惟奸赃湔洗，上劳涣汗，而选人通籍，奸胥逭刑，亦以钻刺而拜宠命矣。甚至闾阎琐屑之斗讼，皂隶猥贱之干求，悉达内庭，尽由中降。此何等虮虱事，而陛下以身亲之。大臣几于为奉承风旨之官，三省几于为奉行文书之府，臣恐天下公道，自此壅矣。景祐间，罢内降，凡诏令皆由中书枢密院，仁祖之所以主张公道者如此。今进言者，犹以事当间出宸断为说。呜呼！此亦韩绛告仁祖之辞也。"朕固不惮自有处分，不如先尽大臣之虑而行之"。仁祖之所以谕绛者，何说也？奈何复以绛之说启人主，以夺中书之权，是何心哉？宣、靖间，创御笔之令，蔡京坐东廊，专以奉行御笔为职。其后童贯、梁师成用事，而天地为之分裂者数世，是可鉴矣。臣愿陛下重宰相之权，正中书之体，凡内批必经由中书枢密院，如先朝故事，则天下幸甚！宗社幸甚！

　　二曰收君子以寿直道之脉。臣闻直道在天地间，不可一日颓靡，所以光明而张主之者，君子责也。然扶直道者，君子之责；而主直道者，人君之事。人君而至于沮君子之气，则直道已矣。夫不直，则道不见。君子者，直道之倡也。直道一倡于君子，昔人谓之凤鸣朝阳，以为清朝贺。国朝君子，气节大振，有"鱼头参政"，有"鹘击台谏"，有"铁面御史"，军国之事，无一不得言于君子。是以司马光犹得以殛守忠之奸，刘挚犹得以折李宪之横，范祖禹犹得以罪宋用臣，张震犹得以击龙大渊、曾觌。盖君子之气伸，则直道始有所附而行也。今陛下之所以为直道计者，非不至矣。月有供课，是以直道望谏官也；日有轮札，是以直道望廷臣也；有转对，有请对，有非时召对，是以直道望公卿百执事也。"江海纳污，山薮藏疾"，天下于此，咸服陛下之量。然或谓比年以来，外廷议论，于己有所未协，于情有所未忍者，悉以圣意断之。不惟言及乘舆，上勤节帖，而小小予夺，小小废置，亦且寝罢不报矣。不惟事关廊庙，上烦调停，而小小抨弹，小小纠劾，亦且宣谕不已矣。甚者意涉区区之貂珰，论侵琐琐之姻娅，不恤公议，反出谏臣，此何等狐鼠辈，而陛下以身庇之！御史至于来和事之讥，台吏至于重讫了之报，臣恐天下之直道，自此沮矣。康定间，欧阳修以言事出，未几即召以谏院；至和间，唐介以言事贬，未几即除以谏官。仁祖之所以主直道者如此。今进言者，犹以台谏之势日横为疑。呜呼！兹非富弼忠于仁祖之意也。弼倾身下士，宁以宰相受台谏风旨，弼之自处何如也？奈何不知弼之意，反启人君以厌君子之言，是何心哉？元符间，置看详理诉所，而士大夫得罪者八百余家，其后邹浩、陈瓘去国，无一人敢为天下伸一喙者，是可鉴矣。臣愿陛下壮正人之气，养公论之锋，凡以直言去者，悉召之于霜台乌府中，如先朝故事，则天下幸甚！宗社幸甚！

盖"大道之行，天下为公"，"周道如砥，其直如矢"。自古帝王行道者，无先于此也。臣来自山林，有怀欲吐。陛下怅然疑吾道之迂远，且慨论乎古今功化之浅深，证效之迟速，而若有大不满于今日者。臣则以为非行道之罪也，公道不在中书，直道不在台谏，是以陛下行道，用力处虽劳，而未遽食道之报耳。果使中书得以公道总政要，台谏得以直道纠官邪，则陛下虽端冕凝旒于穆清之上，所谓功化证效，可以立见。何至积三十余年之工力，而志勤道远，渺焉未有际邪？臣始以"不息"二字为陛下勉，终以"公道""直道"为陛下献。陛下万几之暇，倘于是而加三思，则跻帝王，轶汉唐，由此其阶也已。

臣赋性疏愚，不识忌讳，握笔至此，不自知其言之过于激，亦不自知其言之过于泛。冒犯天威，罪在不赦，惟陛下留神！臣谨对。

元

泰定元年（1324）甲子科 状元：张益

张益

张益（约公元1300年—公元1368年），字谦夫，河东益宁路汾州西河县（今山西汾阳）人。张益于元泰帝泰定元年（公元1324年）参加殿试，为汉人南人榜状元。张益状元及第后，历任监察御史、国子监司业等职。张益在担任监察御史期间颇有政绩，元文宗至顺二年（公元1331年）曾上疏弹劾四川行省平章钦察台，文宗听从其言。《山西通志》中赞扬张益"持身雅有法度"，受学于王天琪。王天琪善于著述、门徒众多，张益居于首位。张益的儿子张大猷也曾中进士。因为父子二人都担任过管理儒学的官职，元代以来，汾阳县学乡贤祀内供奉他们的牌位，张益家族也成为当地著名的书香门第。

取士情况

元英宗至治三年（公元1323年），权臣铁木迭儿的义子铁失等叛贼刺杀了元英宗，史称"南坡之变"。元英宗被弑后，晋王也孙铁木儿被诸王拥立为帝,次年改元为泰定。泰定帝是元世祖太子真金的嫡孙,此次殿试他提出"远尊二帝三王、近稽世祖皇帝",有为自己得帝位辩护、问政治国的含义。张益对策契合帝心,因而被钦点为状元。

元代实行"四等人制",科举考试中也相应分左右榜。蒙古人、色目人为一榜,称右榜;汉人、南人为一榜,称左榜。本科左右榜共取士54人,右榜为蒙古人巴拉,生平事迹均不详。

殿试策问

制曰：朕闻自昔帝王之治天下,罔不在初政。故舜之嗣位也,明目达聪,命九官,咨十有二牧,礼乐刑政之道,灿然备具。禹成厥功,祗承于帝,精一执中,实圣圣传心之要。汤黜夏命,以克绥厥猷为本。武王胜殷,首访于箕子,天人之际明矣。《诗》之《访落》《公刘》,《书》之《无逸》《立政》,亦惟成王嗣服之始。君臣交修,以成继志述事之业,唐虞三代,其揆一也。

维我世祖皇帝,圣神启运,时则有同心同德之彦效谋输忠,故能混一区宇,治化旁洽。朕祗承丕绪,永惟帝王事功,见于经传,悉遵而行之。时有古今,制宜损益。若稽世祖之宏规远略,垂统万世,夙夜生畏,以图治安。然人才之列于庶位者,犹若未及;治道之达于庶政者,犹若未备。

子大夫其以前王之坦然明白,可行于今者何策?世祖政典之纲领,当今未尽举行者何事?宜悉心以对,以辅朕惟新之治。

状元殿试卷

臣对：臣闻古今之时虽有异,帝王之道无不同。何者?盖时有先后,道无精粗故也。是以孔子有"吾不复梦见周公"之语,孟子有"人皆可以为尧舜"之言。岂非以时虽异,而道无不同而然欤?

钦惟皇帝陛下,赐臣之策,意在初政,远则欲遵二帝三王之事功,近则以稽世祖皇帝之规略,尚恐人才有未及,治道有未备。欲行前王之可行,欲学当今之未学者,其意岂不甚若古也哉。臣虽愚昧,敢不精白一心,以对扬圣天子之休命。

臣谨俯伏以闻,制策曰:"朕闻自昔帝王之治天下,罔不在初政。故舜之嗣位也,明目达聪,命九官,咨十有二牧,礼乐刑政之道,灿然备矣。禹成厥功,祗承于帝,精一执中,实圣圣传心之要。汤黜夏命,以克绥厥猷为本。武王胜殷,首访于箕子,天人之际明矣。《诗》之《访落》《公刘》,《书》之《无逸》《立政》,亦惟成王嗣服之始。君臣交修,以成继志述事之业,唐虞三代,其揆一也。"臣闻舜于嗣位之始,明目达聪,命官咨牧者,此即初政之事也。礼□刑□乐作□□□,此即命官咨牧之效也。何也?盖明四目,达四聪,尚恐其□□□□□言有未闻也。命九官而咨十有二牧,尚恐人才有不及,治道有未备也。此所以帝舜□□□,□□□□而不负帝尧之付托。追夫禹成厥功,祗永于帝,帝即授以精一执中之语,以为他日终陟元后之基本,岂非圣圣传心之要道欤?至于汤黜夏命,乃以克绥厥猷为为政之本;武王胜殷,乃以《洪范》九畴为初政之说;又如《公刘》《访落》之《诗》,则言其创业之艰难,《无逸》《立政》之《书》,则言其守成之不易者。岂不以成王嗣服之始,君臣交修以成继述之业者,在于初政之难乎?此即圣□□□□□□□□□也。□□□□□之本,人君者□□之本始,即位者又人君之本也。钦遇圣天子□膺休明之景运,迓太平之昌盛,肇登宝位,涣发纶音,开言路以来远人,命大臣以总庶政,励精图治,发政施仁,此即帝舜之明目达聪,大禹之精一执中,成汤之克绥厥猷,武王之继志述事,成王服行初政之盛心也。

制策曰:"维我世祖皇帝,圣神启运,时则有同心同德之彦效谋输忠,故能混一区宇,治化旁洽。朕祗承丕绪,永惟帝王事功,见于经传,悉遵而行之。时有古今，制宜损益，若稽世祖之宏规远略，垂统万世，夙夜生畏，以图治安。然人才之列于庶位者，犹若未及；治道之达于庶政者，犹若未备。"臣闻有圣君而无贤臣，不可以得天下，有贤臣而无圣君，亦不可以得天下。必也主佐同心，君臣同德，乃克有成。是以天启皇囗，笃生囗囗囗囗囗。我世祖皇帝故能混一区宇，以至于治化旁洽者，岂非我世祖皇帝宏规远略，应天顺人之所致邪？列圣相承，至于陛下，祇承丕绪，永惟帝王之道，见于经传，欲遵而行之，斯无难矣。然世有先后，制宜损益。臣前所谓时有异，而道则同者，岂不然哉。盖道者，二帝三王之所传；法者，世祖皇帝之所建。陛下果能远宗其道，近守其法，则何患列于庶位之人才有所未及，达于庶政之治道有未备欤？

制策曰："子大夫其以前王之坦然明白，可行于今者何策？世祖政典之纲领，当今未尽举行者何事？宜悉心以对，以辅朕惟新之治。"臣闻致治之道无他焉，在乎法乎古、通乎今而已。欲得乎古，则圣策所谓前王之坦然明白，可行于今者，臣请得而陈之。虞舜之囗绩，今可行也；大禹之知人，今可行也；成汤之显忠遂良，今可行也。可行而不行，是不能师乎古，不可行而行，是不能通乎今。囗也酌古以准今，足以便民而利国，然后行之，而后囗囗。欲通乎今，则圣策所谓世祖政典之纲领，其有虽学而未行，虽行而未囗者，囗囗囗囗囗之义仓有名而无实，囗囗有益而无损，此学而未得者也。农桑未足尽地力，学校未足养人材，此行而未囗囗也。今陛下诚能命有司之官，使之学而行其事，行而囗其法，则囗囗跻世雍熙，致民仁寿，六五帝而四三王，将见复还唐虞三代之天地于今之世矣，何欤盛哉！

切念臣学术荒疏，囗囗囗囗，不足以辅陛下维新之治，伏惟圣天子少垂意焉，则天下幸甚。

元统元年（1333）癸酉科（一）　　状元：同同

同同

同同（公元1302年—?），字同初，蒙古人，大都真定（今河北正定）人，获元惠宗元统元年（公元1333年）右榜状元。同同及第后，授集贤殿修撰，后迁翰林侍制，随后没过几年便逝世。他的诗作被《元史氏族表》《元诗纪事》《元诗选·癸集·丁》《西湖竹枝集》等收录。

取士情况

元惠帝是元明宗长子，天历二年（公元1329年），明宗遇害，妥欢帖睦尔迁徙至高丽、广西，历经艰辛。至顺三年（公元1332年），元文宗、元宁宗相继去世，妥欢帖睦尔由文宗皇后立为皇帝，次年六月正式即位，十月改年号为元统。元惠帝即位时，各地起义风起云涌，元朝统治已经风雨飘摇，在他首次进行科举的廷试时，便以"保天下"为题。同同的答卷深得元明宗之心，故被钦点为右榜状元。至顺三年（1332年）八月，元文宗驾崩，权臣太平王燕帖木儿拥立的元宁宗即位一个多月又驾崩。此后，由于燕帖木儿操控，导致皇位空缺半年之久。元代殿试皆在三月举行，元惠宗即位时已经过了三月，此次殿试受此影响，也改在九月进行。右榜共取士同同、李齐等100人，只有至正八年（公元1348年）取士108人而超过本科。此次取士改左、右榜第一名赐进士及第的惯例，左右榜前三名均赐进士及第。

本科状左榜状元为李齐，字公平，祁州蒲阴县（今河北安国）人。

殿试策问

制曰：古人有言：得天下为难，保天下为尤难。自古持盈守成之君，莫盛于三代。夏称启能敬承继禹之道，殷称贤圣之君六七作，周称成康能致刑措。夫以禹之力而惟启，以文武之德而惟成康。贤圣之君之众莫若殷，亦不过六七而已。其后惟汉之文景。而言文景之治，犹不得比之三代。善继承者，何若斯之难也！

我祖宗积德累世，至于太祖皇帝肇启土宇，建帝号。又七十余年，世祖皇帝始一天下，以致至元之治，厥惟艰哉！顾予冲人，赖天地祖宗之灵，绍膺嫡统，继承之重，实在朕躬，夙夜兢兢，未获其道。

子大夫通今学古，其求启之所以敬承，六七君之所以称贤圣，成康之所以致刑措，其道安在？文景之所以不及三代，其故何繇？及今日之所以持盈守成，孰先孰后？孰本孰末？何以致刑措、称贤圣、继祖宗之盛？悉心以对，毋有所隐。

状元殿试卷

臣对：陛下发德音，下明诏，求持盈守成之道，远稽三代，近法祖宗，皆非愚臣所能及也。然先民有言，询于刍荛。臣敢不悉心以对。

臣伏读制策曰："古人有言：得天下为难，保天下为尤难。自古持盈守成之君，莫盛于三代。夏称启能敬承继禹之道，殷称贤圣之君六七作，周称成康能致刑措。夫以禹之功而惟启，以文武之德而惟成康，贤圣之君之众莫若殷，亦不过六七而已。其后惟汉之文景，而言文景之治，犹不得比之三代。善继承者，何若斯之难也！"臣闻自古有天下者，创业至难，守成尤难。何也？天将有以大奉而王天下，必先使之勤劳忧苦，涉险蹈阻，功加百姓，德泽及四海，然后授之大宝，以为天下之谊主。是故人之情伪、事之得失、稼穑之艰难、前代之兴废，靡不历览而周知。盖操心常危而察理也精，虑患常深而立法也详，故能平一四海而无不致治者。守成之君兢兢业业，恪守先王之宪章，犹惧不治，况自深宫而登大位，习于宴安，不复知敬畏。贵为天子，富有四海，便佞日亲，师保日疏，声色、货利、游畋、土木与夫珍禽、异兽，所以惑志而溺心者，不可胜数。管仲所谓宴安鸩毒是也。苟非刚明而大有为者，讵不为其所动。其间间有足以有为之资，则其颂功德、称太平、奏丰年、献祥瑞者，投间抵隙，接踵于朝廷。于是志骄气盈，穷兵黩武，以祖宗之法为不足法，好大喜功，纷更变□，至失厥位而坠厥宗者，比比又如此。是故禹、汤、文、武大圣也，自累世积德而有天下至难也，以天下相传，大事也，而能继禹之功者惟有启，承文武之德者惟成康，圣贤之君之于汤不过六七而已。以圣人有天下，能继其后者止如此。况汉文景继高帝之治乎？由此言之，继世之君有能持盈守成而不坠先王之道者，可谓难也已。《诗》曰："不愆不忘，率由旧章。"《书》曰："监于先王成宪，其永无愆。"此之谓也。

臣伏读制策曰："我祖宗积德累世，至于太祖皇帝肇启土宇，建帝号。又七十余年，世祖皇帝始一天下，以致至元之治，厥惟艰哉！顾予以冲人，赖天地祖宗之灵，绍膺嫡统，继承之重，实在朕躬，夙夜兢兢，未获其道。"臣惟我国家积德千万世，与天无疆。至太祖皇帝受明命，兴王基，建帝号于朔方。又七十有余岁，世祖皇帝以圣德神功方能一天下，以成至元之盛治，王业之成其又难也。如此今也继承之重，托之陛下。□□□□，臣钦惟□□□□□□□□□□□□□□皇帝陛下，英姿天继，圣德日新，民情世态之熟识，险阻艰难□之备尝，历数在躬，天命不易，正统之所系，人心之所归。讴歌者咸曰：吾君之子也。朝觐者咸曰：吾君之子也。先帝之所顾命，慈极之所眷注，宗王之所推崇，股肱大臣之所翼戴，陛下其时邈在蛮烟瘴雨之乡，夫岂有黄屋左纛之念哉！昊天成命，默定于苍苍也久矣。推之而不可推，辞之而不可辞，飞龙在天，□□□□□□□□圣作物睹，天下皆以至元之治，复望于今日，陛下所以汲汲有为，以副天下之望者，当如何哉？制策有谓："夙夜兢兢，未获其道。"臣读至此，顿首称贺，有以见陛下谨持盈守成之心矣。充此心而力行之，行之不已，而求其至焉。虽禹汤文武无以过也，又岂有不获者哉！《诗》曰"夙夜匪懈"，《书》曰"懋哉懋哉"，此之谓也。

臣伏读制策曰："子大夫通今学古，其求启之所以敬承，六七君之所以称贤圣，成康之所以致刑措，其道安在？文景之所以不及三代，其故何由？及今日之所以持盈守成，孰先孰后？孰本孰末？何以致刑措、称贤圣、继祖宗之盛？悉心以对，毋有所隐。"臣学不足以考古，识不足以通今，草茅微贱，何足以及此，而切有志焉。尝闻三代之得天下也，以仁治天下，亦以仁子孙继之，何敢加毫末于是哉。不过存敬畏，守成实而已。昔启之继禹也，遵其道而敬承之，左右皆禹之旧臣，相与辅相之，启又能尊亲而礼任焉，故能继其道而不废。《书》曰："敬修其愿。"又曰："予临兆民，凛乎若朽索之驭六马。"启之所以敬承者此也。陛下以是而力行之敬承之道，无以加矣。臣闻大甲嗣汤，伊尹为阿衡而告戒启沃者，无非成汤日新之功，大甲能守之，继是者能行之，所以继治。《书》曰："苟日新，日日新，又日新。"又曰："顾諟天之明命。"贤圣之所以继作者，此也。陛下以是力行之，六七君之称贤圣不得专美于商矣。臣闻成王继文武之位，周公作礼乐行王政，成王克遵文武之德，康王又克守之，教化大行，刑措不用。《书》曰："庶狱庶慎。"又曰："心之忧危，若蹈虎尾，涉乎春水。"成康之所以致刑措者，此也。陛下以是而力行之，则刑措矣。臣闻治天下莫大于仁政，而仁政莫先于教养。故三代之相承也，莫不制田里，教树畜，命训迪之官，任敦典之责，渐民以仁，摩民义，节民以礼。民知礼义而不犯法，然后刑罚辅之，以正其不正者耳，无非先德教而后刑罚也。汉高帝得天下，秦俗未尽革，专刑威而弃教化，不事诗书，不尚节义，何以为子孙法？文帝继其后，其恭俭慈爱虽足以化下，然贾谊劝其兴礼乐行仁义，则辞曰未遑。景帝忠厚之风又不及文帝。文景虽曰能守成，仅能守汉之成宪耳！何敢比隆于三代乎？孔子曰："道之以政，齐之以刑，民免而无耻；道之以德，齐之以礼，有耻且格。"由此观之，德礼本□□也，刑政末也，本宜头而末宜后也。陛下先其本，后其末，则教化行礼乐兴，由之而致刑措，由之而称圣贤，由之而继祖宗之盛，在一转移间耳，臣切观祖宗所积之德即文武之德，祖宗所成之功即大禹之功，圣圣相承，以继盛治，不特如殷之六七君之贤圣。陛下持盈守成，亦继志述事而已矣。承悦慈极、尊任师傅、博求贤能、修明庶政、进教笃、退浮华、谨访问、纳规谏，以天下之耳目为之视听，以天下之心志为之思虑。万国至广也，吾为天地以容之；万民至众也，吾为日月以照之。人之所欲者安也，吾为行仁政以安之；人之所欲者富也，吾为崇节俭以富之；人之所欲者寿也，吾为隆教化兴礼让，使之趋善远罪以寿之。立经陈纪，不以小有故而沮挠；发号施令，不以小利钝而变更。次第而行之，强力以守之。念祖宗之勤劳，致王业之不易，慎终如始，必其成功。心即祖宗之心，治即祖宗之治。将见功高大禹，德并文武，日新又新，同符成汤。保天下之事备矣，持盈守成之道至矣。

臣愚戆，不足以奉大对，惟陛下裁择。臣谨对。

明

永乐四年（1406）丙戌科　状元：林环

林环

林环（公元1375年—公元1415年），字崇璧，号䌹斋，福建莆田人，唐朝林姓重要分支之一的九牧林（唐天宝间太子詹事林披九牧林家之祖）后人。林环喜欢饮酒吟诗，年少时写下的文章就广为乡人传诵。林环状元及第后，被授予翰林院修撰，次年升为侍讲，曾参与《永乐大典》的编纂，并担任《书经》部分的总裁官。林环先后两次担任会试的主考官，后官至翰林侍讲学士。

林环颇受明成祖的器重，永乐十三年（公元1415年），林环受命经筵讲官。同年随明成祖出征瓦剌途中染病，回北京后不治而亡。林环善诗文，后人赞其诗"清思异质，藻而不浮，朴而不枯，极诗家音色之妙"，有《䌹斋集》传世。

取士情况

此次殿试中，试题为如何效仿唐虞三代，从而达到天下大治。林环的对策主要围绕着一个"心"字。他又从明成祖提问的各个方面进行分析、论述,条理清晰,论说充分,因此赢得了明成祖的青睐,故被钦点为状元。

永乐四年(公元1406年)的殿试于农历的三月初一举行,取士219人,状元林环,榜眼陈全,探花刘素。

殿试策问

皇帝制曰:朕承皇考太祖圣神文武钦明启运俊德成功统天大孝高皇帝洪业,舆图之广,生齿之繁,从古莫比。故穷发之地咸为编户,雕题椎髻悉化冠裳。来虽如归而治虑未浃,朕夙夜惟念,期在雍熙。然十室之邑,人人教之且有弗及,矧天下之大,兆民之众。夫存诚过化,不见其迹。欲臻其极,谅必有要,不明诸心,曷由达效?

唐虞三代之治,其来尚矣,而汉唐宋之治,犹可指而言之。自夔典乐教胄子而学校兴,而汉唐宋之学校有因革,其教化可得而闻?

自大司徒以乡三物教万民,而科目举,而汉唐宋之科目有异同,其名实可得而议?

自小司徒经土地而田制定;而汉唐宋之田制有屯营,其计画可得而言?

自校人掌王马之政,而马政立,而汉唐宋之畜牧有耗息,其详悉可得而数?之数者,有宜于古而合于今,若何施而可以几治?

夫政不稽古,则无以验今,事不究迹,则无以见实。子大夫博古以知今,明体以适用。陈其当否,以著于篇,毋泛毋隐,朕将亲览焉。

状元殿试卷

臣对:臣闻出治有本,在乎先明诸心;为治有法,在乎远稽诸古。盖明诸心者，其本也；而稽诸古者，其迹也。圣人之治天下，未尝不以稽古为道，而亦曷尝不本诸心，以为出治之本乎？

钦惟太祖圣神文武钦明启运俊德成功统天大孝高皇帝，肇造洪基，抚有六合，垂统万世，厥功罕丽。皇上嗣膺宝图，思迈先烈，继述之美，克开前光。于是戴发含齿，率隶编籍，尺地寸天，举入贡赋，以致雕题椎髻，化而冠裳，则不惟有以囿生灵于覆帱之中，而且有以变左衽于礼义之习，弘功伟绩，超越宇宙，宜莫尚矣。而皇上方且虑治化之未洽，思臻治之有要，进臣等于廷，降赐清问，欲远法唐虞三代，而近稽之汉唐宋。详举其目，则学校之兴，科目之举，田制之定，马政之立，皆欲追究其迹。而原其要，则首于明诸心之一言。噫！"明诸心"一言，臣有以知皇上于出治之道，知所本矣。然皇上訏谟远猷，断自宸衷，而犹拳拳举以策臣等者，臣又以知皇上是心，其即询于刍荛之心也。臣安敢不拜乎稽首，以对扬圣天子之休命乎？

臣闻以言语诏民者，则十室之邑，虽耳提面命而不足。以德化导民者，则天下之大，虽运以方寸而有余。何则？天下虽大，不能大君人之一心耳。故存诚过化，虽泯于无迹，而臻极至到，则原于一心。是以尧舜以之帝天下，而使黎民于变，比屋可封者，此心也；三代以之王天下，而使兆民允怀，人人有士夫君子之行者，亦此心也。以至汉唐宋之治，虽不逮古，然亦能超后世而独盛者何？莫非此心乎？是则皇上将欲跻于唐虞三代，而薄汉唐宋于不居者，宁不自一心始乎？皇上知自心始，则所谓期于雍熙，臻其至极，皆在方寸一转移之间耳。况乎学校之兴也，科目之举也，田制、马政之定也、立也，又皆是心之用乎！臣请因圣策所及而条陈之。

夫人君之继天立极，莫大于学校也。舜命夔典乐以教胄子，直而温，宽而栗，刚而无虐，简而无傲，此典乐之官所由设，乃学校所由始也。三代之学，夏曰东序、西序；商曰左学、右学；周曰东胶、虞庠，亦曰辟雍，无非以明人伦也。汉兴，高帝以马上得天下，未遑庠序之事。至文帝，颇登用文学之士。景帝不学儒学，故诸博士，具诸徒间，未有进者。当时，惟文翁守蜀而修学舍于成都，由是大化，比于齐鲁。武帝乃令天下郡国皆立学校官。光武中兴，始起太学。明帝临雍拜老，正坐讲道，冠带缙绅之人，圜桥门而观听者，盖亿万计。至于安帝，薄于文艺，博士倚席不讲，学舍尽为蔬园。汉学校有可考矣。唐有国学，有太学，有四门学，有历学，有书学、算学。太宗又数行幸。贞观之盛，增筑学舍千二百间，生徒至三万余人。至代宗时，夷狄多虞，弦诵之地，寂寥无声。此唐之学校有可考者矣。若宋之时，有国子监、太学，有武学，有书、算学。天下已平，儒者往往依山林以讲授，当时于嵩阳、岳麓、睢阳、白鹿四书院为尤著。厥后，如胡安定教授苏湖，立经义、治事斋以教学者，此尤表表足称。则宋之学校，其颠末亦有可稽者焉。

夫学校教化之本，唐虞三代之时，天子、公卿躬行于上，言行政事，皆可师法，故学校之立而教化为特盛。若汉之治杂霸，唐之治杂夷，宋之治亦有未醇，躬行之实，已无其本，则学校虽立，而教化终有愧于古者，抑有由矣。

人君用人亮天之道，莫大于科目。成周之时，司徒以乡三物教万民，一曰"六德"：知、仁、圣、义、中、和；二曰"六行"：孝、友、睦、姻、任、恤；三曰"六艺"：礼、乐、射、御、书、数。乡大夫三岁大比，而宾兴夫贤者能者，故命乡论秀而升之司徒，曰"选士"，司徒论选士之秀，升之学，曰"俊士"。乐正顺先王诗书礼乐以造士。大乐正论造士之秀，升之司马曰"进士"。大司马论辨官材以告于王，论定而后官之，任官而后爵之，以至太宰招废置而持其柄，内史赞予夺而贰于中。司士掌郡士之版，岁登记其损益之数。此科目所由举也。若汉之时，则有孝廉、孝弟、力田、贤良、明经诸科。唐之时，则由学馆进者，曰"生徒"，由州县进者，曰"乡贡"，而又有进士、开元礼、缘举、杂录、制举、孝廉、三礼、五传、一史、三史、童子、明经、明法、明算诸科。宋之时，则有诸贤良，有宏词，有童子学，漕试、推恩诸科。此汉唐宋科目之名，其异同固可稽矣。然成周之时，教养有法，且选任之际，循名责实。故所进之人，无非适用之士。

若汉唐而后，则养非所用，用非所养，故进用之际，不无贤否相半。是故汉之仲舒以贤良进，倪宽以明经举，似矣。而徐淑之不逃冒年，陈汤之不奔父丧，乃与科选，果何欤？唐之制科，则有裴度、韩休，而皇甫镈亦以是进。博学宏词，则有陆贽、杜黄裳，而王涯、刘禹锡亦以是进，又何欤？宋之富弼、苏轼，以制科进，杜邠公、范文正、欧阳公由进士举，是皆可取。然以丁谓之谀佞，且居要路，则又不能无可议者焉。此其名实不称，视成周得人之盛，盖不能无歉矣。

至若足民足国之良图，莫要于定田制；备兵讲武之先事，莫要于立马政。周制，小司徒均土地而井牧其田野。步百为亩，亩百为夫。人三为屋，屋三为井。四井为邑，四邑为丘，四丘为甸，四甸为县，四县为都，故成周无不受田之家。阡陌既开，井田法废。自汉文帝募民耕塞下，始有屯田之制。赵充国击先零，分兵久驻，于是有屯田之说。至唐之时，则有营田之制。至宋之兴，或屯或营，盖兼用也。大抵汉之屯田以兵，唐之营田以民，而宋之或兵或民，盖不一焉。夫其屯田以兵，斯可以免军旅坐食之费，营田以民，斯可以足国家储备之资，此其计划之善，亦有可取者矣。

至若校人掌王马之政，此马政所由立也。汉置仆牧帅诸苑，而众庶街巷有马，则不特养于官矣。暨大将军骠骑屡出，而马大耗。唐自张万岁领群牧，马至七十万六千，王毛仲初监马二十四万，后至四十三万。自群牧失职，国马益耗。宋则牧马有监，掌牧有职。又或畜之于官，或养之于民，或市之于边。大抵市之于边者不可常，莫若畜之于官为有常也。专畜于官者为限，莫若兼养于民者为益广也。若是息耗之由，亦可概见矣。

皇上既举数者之目，详列于前，而又以数者之政，宜于今者总询于后。臣学不足以稽古，用不足以适今，曷足以上揆圣衷。愚昧之见，谓是数者，皆皇上酌古准今，已行之效，而拳拳以为问，特皇上谦让不自满足之心耳。夫方今学校，内自京畿，外达郡国，莫不有学，此盖太祖高皇帝参酌古制而用之者。今皇上遵而行之，迩者车驾临幸太学，俎豆生辉，衣冠增气，天下士子，知所向方，则教人之法，固可比隆唐虞三代，而陋汉唐宋于下风矣。方今进于学校者有科贡，选于乡里者有人材，是亦太祖高皇帝错综古典而行之者。今皇上嗣而守之。兹者临轩策问，茅茹汇征，衣冠云集，万邦黎献，共惟帝臣，则用人之道，亦可媲美唐虞三代，而薄汉唐宋于下流矣。至若田制之立，虽非尽成周之旧，马政之立，亦参用校人之政。然其屯营之必备，畜牧之必专，是亦酌古而宜于今者耳。是二者，亦太祖高皇帝已试之法，今皇上率而由之者。况于屯田则劝督之必严，于畜牧则孳息之益众，殆恐古昔盛际，亦不过是，而汉唐宋又乌可以同日而语哉！然臣于终篇，愿有献焉。

夫是数者，特治之法也。其本则系之皇上之心。盖以是心而兴学校，则朱熹所谓本之躬行心得之余是也。以是心而兴贤才，则大禹所谓光天之下是也。以是心而定田制，则《大学》所谓"有德此有人，有人此有土，有土此有财"是也。以是心而立马政，则《诗》所谓"秉心塞渊"与"思无邪"者是也。合而论之，则程子所谓："有《关雎》《麟趾》之意，而后可以行《周官》之法度。"臣愿皇上终始此心，斯可以终始此治矣。

臣于博古通今，明体适用，乌足以当。特以上之问，适有以发臣愚忠，故敢冒昧陈献。伏冀万几之暇，少垂圣览。生民幸甚，天下幸甚！臣不胜惓惓。臣谨对。

永乐十年（1412）壬辰科　状元：马铎

马铎

马铎（公元1366年—公元1423年），字彦声，号梅岩，福建长乐人。马铎自幼便天资聪颖，学习四书五经、史子百集。他才气出众，创作时更是不假思索、落笔生花。明成祖永乐九年（公元1411年），参加应天府乡试，获举人；次年参加会试，并在殿试中获状元。状元及第后，被授予翰林院修撰，官至南京国子监监事。明成祖迁都北京后，留太子朱高炽于南京监国，马铎深受太子重用。永乐二十一年（公元1423年）六月，在任所逝世，享年58岁。马铎善于作诗，著有《玉岩集》。

取士情况

马铎在殿试中的对策文笔优美、气势磅礴、辩理清晰，因此深得明成祖青睐。此次殿试，状元马铎和榜眼林志是同乡。林志在乡试得中解元，在会试中得中会元。关于殿试状元之争，也留下了趣闻。据传，林志对自己未中状元不满。马铎不惧林志，与他争斗。明成祖得知此事后，叫来二人对诗，谁先对出下半联，谁就是当今的状元。上联为："风吹不响铃儿草。"马铎随即对道："雨打无声鼓子花。"而林志面对这个突如其来的环节，一时愣住，对不出皇帝给出的试题，只能甘拜下风。

本科取士106人，状元马铎，榜眼林志，探花王钰。

殿试策问

皇帝制曰：朕奉承宗社，统御海宇，夙夜祇畏，弗遑底宁，以图至治，于兹十年，未臻其效。虑化未浃矣，谨之以庠序之教。虑养未充矣，先之以足食之政。虑刑未清矣，详之以五覆之奏。求才备荐举之科，考课严黜陟之令。然而，厉俗而俗益偷，革弊而弊不寝。若是而欲跻世泰和，果何行而可？

六经著帝王为治之迹，《易》以道阴阳，专名数者或流而为灾异，尚理致者或沦而为清谈。《书》以道政事，语知行则何以示其端，论经世则何以尽其要。《诗》以道志也，何以陈之于劝惩黜陟之典？《春秋》以道名分也，何以用之于闭阳纵阴之说？《礼》以道行，而《乐》以道和也，何以道同六经而用独为急？

夫道本一原，而治有全体，推明六艺，讲议异同，行则美矣，何以一归于杂？雅歌击磬，执经问难，志则勤矣，何以未复乎古？讨论文籍，考定五经，可谓劳矣，未足以致大治。更日侍读，质问疑义，可谓伟矣，仅足以成小康。夫五星集奎，文运斯振，儒道光阐，圣经复明，较之往迹，何胜何负？

盖为治之道，宽猛相济，各适其宜。太宗宽厚长者，务崇德化，政足尚矣，而言者谓不若中宗之严明。显宗法令分明，幽隐必达，严足尚矣，而言者谓不若肃宗之长者。论治若此，其将孰从？

夫博问经学之士，有以应变。子诸生蕴之有素，其于为治之要，时措之宜，悉心以陈，毋徒泛泛，朕将亲览焉。

状元殿试卷

臣对：臣闻治本于道，道载诸经。圣人出而三代之治为可复，真儒出而六经之道为大明。经以载道，固必待人而后明，道以出治，尤必待人而后行也。

洪惟皇帝陛下，尊履大宝，绍承鸿基，明照八表，知周万务，心存乎帝王之心，治绍乎帝王之治，尚虑阙漏，下询刍荛，此好问而好察迩言之意，尧、舜、禹、汤、文、武之心也。然化已浃矣，选任师儒，严督课业，简绌以惩庸，励进以劝善，而庠序之教唯谨。养已充矣，省其征徭，薄其税敛，禁一民之不得妄差，禁一毫之不得妄取。而足食之政尤先。慎罚而致三覆五覆之详，尚思夫罚罪之非当。用贤而惇荐举考课之典，尚思夫任职之未宜。是盖陛下明经术之正，识帝王之大，不安小成，必跻斯世于唐虞三代之盛也。夫厉俗未底乎时雍，不害为俗之益偷，革弊未至乎于变，不害为弊之不寝。臣愚有以知陛下泰和之可跻，唐虞三代之治可致。其厉俗革弊，有不在政令之末耳。何则？陛下任奉承之重，统御宇之大，夙夜祗惧，而存心于不已，道本于一原，治具乎全体。若稽经籍而垂至治于无穷，六经之道固已蕴诸圣心矣。其视诸经传授之是非，历代为治之得失，昭昭而白黑分矣，奚以臣言。虽然，圣问所及，敢不罄竭臣愚，条悉以对。

夫自六经删述于孔氏，帝王之道由是而大明。自六经附会于汉儒，帝王之治由是而难复。《易》以道阴阳，伏羲、神农、黄帝之道无所不该。自田何传至于焦、房，专尚名数，流而为灾异。自费直传至于辅嗣，专尚理致，沦而为清谈。于是理数分而易道微矣。《书》以道政事，而典谟、训诰、誓命之辞无不具焉。语知行则惟精惟一，所以示其端。论经世则《洪范》皇极，所以尽其要。自大小夏侯之说殊，而《书》之义踬矣。《诗》所以道志也，先王命太师陈诗以观民风，善者可以感发人之善心，美之而民知所劝。恶者可以惩创人之逸志，刺之则民知所惩。以是巡行诸侯之境土，而黜陟行焉。自齐鲁毛韩之异尚，而《诗》之义隐矣。《春秋》所以道名分也，董仲舒大一统之论，正谊明道，贵王贱伯之义，其得于《春秋》也大矣。而乃用于灾异之变，推阴阳所以错行，故有闭阳继阴之说，而《春秋》之义乖矣。《周礼》大司徒以五礼防万民之伪而教之中，此礼以道行也；以六乐防万民之情而教之和，此乐以道和也。礼有三千三百之仪，而一主乎敬。乐有五声十二律，而一本于和。制度品节之详而有所持循，情文节奏之备而有所感发。致礼以治躬，则齐庄中正，非僻之心无自而入。致乐以治心，则易直子谅，鄙诈之念无自而生。用之于邦国而邦国治，达之于天下而天下平。此六经之道同归，礼乐之用为急，而《易》《书》《诗》《春秋》之蕴，必于礼乐以著其用焉。然欧阳修所谓三代而下，治出于二，而礼乐为虚名。则班《志》所谓礼乐之用为急，亦未见于实用也。

  然六经之道未极一原，尚何三代全体之治为可复乎？此汉之武帝推明六艺，罢黜百家；孝宣、章帝之石渠、白虎，讲议异同。行则美矣，而卒莫能循乎王道之正，而终归于霸道之杂。由乎六经之道，昧于一原，宜其治有所未纯焉。光武亲幸太学，诸生雅歌击磬。明帝临雍拜老，诸儒执经问难。其志虽曰勤矣，而未克以复乎古。不能四三王而六五帝，盖徒尚夫仪文之末，而未究夫圣道之本也。若唐太宗讨论文籍至于夜分，诏颜师古考定五经，求治之心可谓劳矣。然而，仅能致斗米三钱，外户不闭之效，而未足以为大治。玄宗更日侍读，质问疑义，怀素、无量常侍更直，好治之心亦可谓伟矣。而开元之治，庶几贞观之风。惜其后不克终，以致祸乱，是皆亦由乎六经之道昧于一原，宜其治有所未至焉。迨夫五星聚奎，宋德隆盛，文运斯振，周、张、二程先阐儒道于前，杨、罗、李、朱复明圣经于后，较之往迹大有径庭矣。儒道既阐，圣经复明，则治道胜负较之于前，不待论说而明矣。

夫天下之大经，仁义中正而已。仁以育万民，义以正万民，二者并行而不相悖。宽而不流于姑息，有猛者存。猛而不偏于苛察，有宽者在。严而泰，和而节，此理之自然，治道之全体也。汉文帝恭俭玄默，赐不朝以几杖，遗受赂以金钱，造露台惜十家之产，可谓宽厚长者，务崇德化，政足尚矣。然与匈奴疏绝，毅然讲武，盖未尝不猛焉。宣帝综核名实，励精图治，流而至于苛刻，汉室忠厚之风几乎荡尽。明帝法度分明，幽枉必达，严足尚矣，而过于察察。章帝宽厚长者，而流于姑息，东京之政由是而衰矣。亦其学术不明，不能损过就中，而归于圣贤大学之道也。

向若汉之文帝从贾谊而兴礼乐，武帝从董仲舒而明教化，则仲舒所谓道之大原出于天，正心以正朝廷，正朝廷以正百官，正百官以正万民，万民正而远近莫不一于正，则道之一原可知，治之全体可识，其治岂止于汉而已。迨夫宋之诸君，能用诸儒，则经术之明，见于治效，岂独载诸传注而止哉！虽然，天运循环，无往不复，承大一统文明之运，表章六经圣人之道，比隆于唐虞三代，正有待于今日圣天子居天位、行天道，而著治效于无穷也。

臣愚生浅学，叨奉大问于廷，获闻道本一原，治有全体，不胜踊跃，庆唐虞三代之治复见于今日，宁不顿首为天下贺？非但为天下贺，当为万世贺。抑臣闻之，为治之要，《大学》一书，治天下之格律也。时楷之宜，《中庸》一书，圣学传心之要法也。此皆陛下身体而力行之者也，故能致笃恭而天下平之效。臣愚学不能以博古，才不足以应变，伏愿陛下始终此心，始终此治，可以四三王、六五帝，岂但跨越汉唐宋而已哉！

臣不揆浅陋，以此上呈圣览，干冒天威，岂胜战栗。臣谨对。

正统十三年（1448）戊辰科　状元：彭时

彭时

彭时（公元1416年—公元1475年），字纯道，号可斋，江西安福人。据《明状元图考》中记载，彭时自幼敏而好学。他19岁时，跟着自己的叔父学习《春秋》，创作的文章多有惊人的见解。后来，彭时经儒士领荐，入国子监读书，并于明英宗正统十三年（公元1448年）的殿试中直接夺得魁首，考取状元。

彭时状元及第后，被授予翰林院修撰。次年，"土木之变"中明英宗被俘，时局动荡不安，他因家中母亲去世请求归乡服丧，但那时的京城需要人才，他的请求被驳回。一年后彭时再次上书，虽被明代宗批准，但代宗还是对此事不悦。

彭时服丧满后回归京城，入朝却未再入阁。直到英宗复辟后，才被重新召回内阁。

明宪宗时期，任吏部右侍郎、兵部尚书。明宪宗成化十一年（公元1475年），彭时被升为太子少保，但不久后便卧床不起，当年三月逝世，享年60岁，谥文宪。彭时一生辅政近三十年，与商辂齐名。彭时著有《可斋杂记》《彭文宪集》等作品。

取士情况

明英宗正统十三年（公元 1448 年）的殿试于农历三月十五日举行。据传，当时黄榜刚一贴出，京城就传出了"鼎甲三人儒释道"的流言。状元彭时出生于书香世家，自小便接触儒学；榜眼陈鉴早年曾迫于生计，在神乐观当了道童，与道有关；探花岳正幼年时曾为庆寿寺书记，与释有关。这三人刚好凑成儒释道。

本科取士 150 人。

殿试策问

皇帝制曰：自昔君天下之道，莫要于内治之政修，外攘之功举。斯二者，圣人所以跻斯世于雍熙泰和之域也。夫修内治之政，必先于爵赏刑罚，而举外攘之功，必本于选将练兵。且爵所以待有功，必待有功而后爵，则天下有遗善。刑所以待有罪，必待有罪而后刑，则天下有遗恶。古先圣王无遗善无遗恶，必有不待有功而爵，有罪而刑者矣，其事安在？兹欲人人皆迁于善，不待爵赏而自劝；皆远于罪，不待刑罚而自惩，其道何由？

凡兵之所统者将，将之所用者卒，卒之所仰者食，而战则资于马。曰将、曰卒、曰食、曰马，四者，外攘所不可阙一也。昔之君子以谓，将其卒则选其卒之良，戍其地则用其地之人，战其野则食其野之粟，守其国则乘其国之马，庶几可以百战无殆。不然，而一郡用兵，而取给百郡，非善策也。

夫众至千万必有一杰，然智愚混淆，同类忌蔽，何以能知其杰而拔置军旅之上欤？一方之人，有戍有农，然戍非土著，农不知武，何以能作其勇而驱列御卫之间欤？田有肥瘠，岁有丰歉，何以能致其粒而积贮仓廪欤？土地气候，产牧各殊，何以能致其息，而充溢边鄙欤？

朕祗承祖宗大统，拳拳以经国子民为心，而于安内攘外尤加意焉。子诸生学古通今而来，必深于其道矣。其具以对，无骋浮夸，务陈切实，朕将采而用之。

状元殿试卷

臣闻：天下以一人为主，人君以一心为主。盖心者，万化之原，万事之本也。大哉，人君之一心乎！本诸心以安内，则内治之政修；本诸心以攘外，则外攘之功举。尚何患乎赏善罚恶之不得其当，选将练兵之不协其宜，而斯世之不跻于雍熙泰和之域也哉！《大学》以是心为家、国、天下之本，董仲舒以是心为朝廷四方之则，其以此欤？

钦惟皇帝陛下，禀聪明睿智之资，备圣神文武之德，诞膺骏命，嗣守鸿图，临御以来，拳拳以经国子民为心，先之以励精，加之以恭俭，其于安内攘外之道，已无不尽，而见诸治效者，亦已盛矣。而犹不自满足，乃进臣等于廷，降赐清问，首举爵赏刑罚，次及选将练兵之事，而责臣以切实之言。臣愚有以知陛下真大有为之君也，可以为尧、舜，可以为禹、汤、文、武，可以隆太平之业于万亿年而愈盛矣。顾臣浅陋，何足以奉大对？然罄一得之愚，亦臣区区之素愿也，敢不俯竭刍荛，以少裨于万一？

臣窃惟天生圣人，而付以君道之重，圣人奉天；而主宰天下之大，内而中国仰之以治，外而四裔赖之以安，则夫修内治之政，举外攘之功，夫岂可以一日而或废哉？然求其要，不越乎爵赏、刑罚、选将、练兵之四者耳。夫爵固所以待有功，功者，善之著于事也。若必待有功而后爵，则天下之善未著于事者，必至于见弃，何以使之皆知所劝而建功乎？刑固所以待有罪，罪者，恶之形于行也。若必待有罪而后刑，则天下之恶未形于行者，必至于苟免，何以使之皆知所惩而远罪乎？斯二者，诚如圣问之所以谕也，臣复奚言？

臣尝窃观唐虞三代之时，其赏善也，有三德而日宣者为大夫，有六德而日严者为诸侯。或俊乂之旁招，或宅俊之克用，与夫贤能之宾兴，俊造之升进，凡此皆不待有功而后爵者也。其罚恶也，象刑以弼五教，制刑以教祗德，或畔官离次之必诛，或羞刑暴德之必罚，与夫左道乱政者戮之而不赦，悖礼疑众者杀之而不宥，凡此皆不待有罪而后刑者也。然亦岂徒事乎爵赏、刑罚而无其本哉？盖一本诸心而已矣。观夫尧之兢兢、舜之业业，而懋敬于命德讨罪之政者，其心为何如？禹之孳孳、汤之栗栗、文王之翼翼小心、武王之无作好恶，而克谨于彰善瘅恶之事者，其心为何若？肆赏罚之有道，劝惩之有本，而下无遗善、遗恶者，以此也。兹欲人皆迁于善，不待爵赏而自劝。臣愿陛下心唐虞三代赏善之心，使赏不徒赏，赏一人而千万人知劝，则我朝赏善之典，与尧、舜、禹、汤、文、武之所以赏善者同一揆矣。何忧乎天下人之不皆迁于善哉！兹欲人皆远于罪，不待刑罚而自惩。臣愿陛下心唐虞三代罚恶之心，使罚不徒罚，罚一人而千万人知惩，则我朝罚恶之政，与尧、舜、禹、汤、文、武之所以罚恶者同一辙矣。何忧乎天下人之不皆远于罪哉！如是，则善者列爵而登庸，恶者率德而改行，礼义廉耻之行兴，诡诈偷薄之风息，百官有济济之容，黎民有暤暤之俗，而雍熙泰和之治而跻矣。

若夫兵之所统者将，将非其人，则国无所倚以为安；将之所驭者卒，卒有不练，则将无所恃以取胜。而况卒之强弱由于食，战之胜负系乎马？是则曰将，曰卒，曰食，曰马，四者皆外攘急务，而不可有一之或阙焉者。而陛下讦谟远猷，已断自宸衷矣！臣奚以多言为？

昔之善用兵者，以为将其卒则选其卒之良，盖卒不良，则有不闲弓马之患；戍其地则用其地之人，盖非其地，则有不习水土之虞；战其野则食其野之粟，庶可以省转输之劳；守其国则乘其国之马，庶可以免调发之扰。如是，则虽百战而无殆矣。不然，则一郡用兵而取给百郡，不惟无以卫民之生，而且有以疲民之力，诚非策之善者。唐虞三代之时，其选将也，舜惟谆谆于敷文德之伯禹，文王惟汲汲于著鹰扬之吕望，经营四方有若召虎，克壮其猷有若方叔者焉。其练卒也，成周之制，春夏有振旅茇舍之教，秋冬有治兵大阅之习。井田之中，卒伍以具，耒耜之暇，干戈以举，其兵食则登三余一之有其备。其马政，则天闲延厩之有其制。要其本，何莫非帝王一心之运用哉！

夫众至千万，必有一杰，良将之才未尝无也，必欲知其杰而用之。臣愿陛下心唐虞三代选将之心，而又精神以感召之，气类以招徕之。投之繆辖繁剧之地，以观其智，置之艰难险阻之中，以观其才，则虽伯禹、吕望、方叔、召虎之流，世不易得，而凡才智出众之士，必皆拔置于军旅之上矣。何忧乎智愚之混淆，同类之忌蔽哉？一方之人有兵有农，是盖兵农歧而二也，必欲作其勇而用之。臣愿陛下心唐虞三代练卒之心，而又择将帅以统之，宽杂征以恤之，使三时务农以备衣食，一时讲武以闲步伍，尤于春蒐、夏苗、秋狝、冬狩之时，益严夫简阅练习之事，则可驱列于御卫之间矣。何忧乎戍非土著而农不知武哉？

至若田有肥瘠之不同，岁有丰歉之或异，而兵食始有不足之虞。臣愿陛下体唐虞三代之心，以足食为念，而又择人以督耕屯，使绳其兼并，课其勤惰，则可致其粒，而积贮于仓廪者，陈陈相因矣。虽古之万亿及秭，与夫贮积于囷，粮峙于申者，何以加焉？土地气候之不齐，监牧畜养之不力，而马政始有不蕃之弊。臣愿陛下法唐虞三代之心，以息马为重，而又择人以掌监牧，使之时其刍秣，谨其孕字，则可致其息，而充溢于边鄙者，翩翩成群矣。虽古之天闲十二，与夫思马斯藏，駓牝三千者，何以过焉？

诚如是，则将皆智勇而无不良，卒皆果敢而无不精，食皆充裕而无不给，马皆孳息而无不蕃。由是而举外攘之功，有不战，战必胜矣；有不攻，攻必克矣；有不守，守必固矣。将拭目乎四裔畏慕，稽首称藩，边徼无烟尘之警，人民有耕凿之安，而雍熙泰和之治，於铄哉！于今为烈矣。此修内治之政，而与外攘之功，所为不可一日而或废者，此也。

洪惟我国家圣圣相承，丕图治理，太祖高皇帝奉天命而肇造邦家，太宗文皇帝顺人心而肃清海宇，其内治外攘之道，垂裕后圣而无穷。仁宗昭皇帝溥惠泽以福苍生，宣宗章皇帝奋德威以安裔夏，其内治外攘之道，仰绍前烈而有光。陛下缵承大统，丕阐洪猷，而于内治外攘之要，盖已知之审而行之至矣。今又以策臣等，而必以尤加意为言。臣愚又有以知陛下留心于此，此即大禹不息满假，文王望道未见之盛心也。

陛下之策臣者，臣既已略陈之，而于终篇窃有献焉。夫人主一心，与天地同其量，与日月同其明。天地惟不息，故覆载而无外；日月惟不息，故照临而不已。臣愿陛下，体天地日月之不息，宏覆载照临之大德，执此之政，坚如金石；行此之令，信如四时。则宗社生民之福，必由此而愈盛；冠带春秋之伦，必由此而咸服；三光六气，必由此而顺行；五岳四渎，必由此而奠位；动植之物，风雨霜露之所以沾被者，必由此而蕃庶；麟凤龟龙，膏露醴泉与凡休征嘉瑞者，必由此而毕至。将见四方万国，莫不遵道遵路，来享来王，以为尧舜之圣复见于今日，禹、汤、文、武不得专美于前古。陛下亿万年之洪福，与天地相为悠久矣。

臣学不足以知古，才不足以通今，刍荛之言，上渎天聪。伏惟陛下俯垂睿览，则国家幸甚，天下幸甚。臣谨对。

天顺四年（1460）庚辰科　状元：王一夔

王一夔

王一夔（公元1425年—公元1487年），字大韶，号约斋，南昌府新建县（今江西新建）人。王一夔本姓谢，因家中祖父与人结仇，为避免祸端躲到外祖父家中，并改姓王。他幼时便发奋读书，于明英宗天顺四年（公元1460年）考取状元。

王一夔状元及第后，被授予翰林院修撰。成化年间，复姓谢。王一夔参与修撰《英宗实录》，后修撰《续资治通鉴纲目》，完毕后升为翰林学士。王一夔于明宪宗成化七年（公元1471年）提出改革之法，遭到明宪宗的斥责。于成化十七年（公元1481年），擢为礼部左侍郎，成化二十二年（公元1486年）升为工部尚书，成化二十三年（公元1487年）逝世，享年63岁，谥文庄。王一夔著有《谢文庄集》《力余福》《东藩唱和诗》等作品。

取士情况

这一年的殿试于农历三月十五日举行。此次策问，明英宗问唐虞三代达到"雍熙泰和之盛"的具体原因是什么。王一夔在对策中对诸多问题都进行了阐述,以"诚"字为基准作答,指出"诚心行道"能够实现和唐虞三代一样的大治。他的对策行文流畅、委婉从容,深受明英宗喜爱,故为当年状元。

本科取士156人。

殿试策问

皇帝制曰:朕惟治天下亦多术矣,举而行之,必有其要。《传》谓:"礼、乐、刑、政,四达而不悖,则王道备。"然则,其要固不出此四者,而行之亦有先后缓急之序欤?

唐虞三代,所以措天下于雍熙泰和之盛者,率用此道,可历指其实而详言之欤?后之有天下者莫若汉唐宋,其间英君谊辟,亦有用此道者。然而,治效不能比隆于唐虞三代,其故何欤?

朕嗣承祖宗鸿业,孜孜图治,夙夜不遑,于礼、乐、刑、政,亦既备举而并行之矣。而治效犹未极于盛,何欤?兹欲究礼、乐之原,求刑、政之本,行之以序,而达之不悖,用臻唐虞三代之盛,其道何由?

子大夫潜心经史有年矣,其详著于篇,朕将采而用焉。

状元殿试卷

臣对:臣闻帝王之治,本于道;帝王之道,本于诚。盖诚为道之实,而道即礼、乐、刑、政之理也。礼乐而非诚,无以立其体;刑政而非诚,无以达其用。惟其诚也,由是而制礼作乐,则礼备而乐和;由是而明刑修政,则刑清而政举。故善为治者,未有不本于道;善行道者,未有不本于诚。二帝之所以帝天下而世跻雍熙者,此诚也;三王之所以王天下而俗臻康乂者，亦此诚也。下逮汉唐宋之英君谊辟，所以不能比隆于二帝三王，而治不古若者，庸非此心之诚有或间欤？大哉，诚乎！其为万物之本原，万事之枢纽，人君为治之大本乎？

钦惟皇帝陛下，聪明先物，睿智有临，法二帝三王之要道，绍祖宗列圣之宏规。曩者嗣大历服，不迩声色，不殖货利，凡耳目之娱，珍异之献，悉诚心罢去，与民休息。是以十五年间，朝廷清明，民物熙皡，四时调玉烛之和，万汇赞祯祥之应。属者顺天应人，复登宝位，乾坤为之再造，人纪为之肇修，礼乐明备，刑政修举。普天之下，莫不讴歌乎凤仪兽舞之治；率土之滨，莫不甄陶于鸢飞鱼跃之天。治效之盛，振古而无以加矣，是皆本于皇上至诚行道之所臻也。兹犹不自满假，乃涣纶音，下明诏，进臣等于廷，降赐清问，首之以礼、乐、刑、政施为缓急之序，继之以唐虞三代、汉唐宋治化隆替之由，终之以所以用礼、乐、刑、政而克臻帝王治效之道。至哉，问也！顾臣愚陋，曷足以上揆渊衷？虽然，天道下济而光明，地道卑而上行。陛下既诚心发策以下问矣，臣敢不悉心披诚以上对乎？

窃惟帝王治天下之术，非一端也，然所行之要，不越乎礼、乐、刑、政而已。盖礼有三千三百之仪，所以节民之心，使其所行无过不及焉；乐有五音六律之作，所以和民之声，使其所言无所乖戾焉。故曰安生治民，莫大于礼；移风易俗，莫善于乐。是礼乐所以教民，而为出治之本。陛下所谓先与急者，在是也。若夫政者，法制禁令也，所以一民之行，而率其倦怠焉。刑者，墨、劓、剕、宫、大辟也，所以防民之奸，而惩其恣肆焉。故曰道之以政，齐之以刑，民免而无耻。是刑政所以弼教，而为辅治之具。陛下所谓后与缓者，在是也。虽然，礼、乐、刑、政固有先后缓急之序，要之亦不可以偏废也。使有礼乐而无刑政，则徒善不足以为治。使有刑政而无礼乐，则徒法不能以自行。故《传》谓："礼乐刑政，四达而不悖，则王道备。"诚哉！是言也。

稽之于古，唐虞之时，以言其礼，则五礼修而三礼明；以言其乐，则六律和而八音谐，礼乐于是乎大备焉。德惟善政，政在养民，而六府三事之允治；明于五刑，刑期无刑，而五服三就之克允，刑政于是乎大彰焉。是以当时万邦协和，而黎民有于变之休；庶绩咸熙，而四夷有来王之效。岂非唐虞能用礼乐刑政，而臻雍熙泰和之盛乎？然推其所由，则又本于尧之允恭克让、舜之温恭允塞之所致也。

夏商之世，司徒修六礼以节民性，乐正崇四术以教士习，立典则以贻子孙，而有关石和钧之设焉。制官刑以儆有位，而有三风十愆之训焉。成周之世，宗伯掌五礼以亲万民，司乐掌六乐以谐万民，司马掌邦政以九法正邦国，司寇掌邦刑以三典诘四方，情文备而制度详。是以当时声教四讫，而兆民允殖，丕冒海隅，而万姓悦服。岂非三代能用礼、乐、刑、政，而致雍熙恭和之盛乎？然原其所自，则亦本于禹之允迪厥德，汤之咸有一德，文、武之纯亦不已，丕则敏德之所致也。

夫唐虞三代，以诚心行道而致治效之盛如此。后之有天下者，莫如汉唐宋。若高祖之豁达大度，文帝之恭俭玄默，武帝之雄才大略，宣帝之综核名实，以至光武之沉机先物，明帝之下身遵道，章帝之左右艺文，此汉之英君谊辟也。观其用绵蕞所习之仪，奏昭德五行之舞，制屯田而定租税，作九章而除肉刑，其用礼、乐、刑、政也如此。然或不事《诗》《书》，或谦让未遑，或内多宠欲，或择术不审，又有吏事深刻，察察为明，优柔不断者。求之当时，虽有海内富庶，几致刑措之风；百姓宽息，人赖其庆之美。方之唐虞三代雍熙之化，不啻碔砆之于美玉矣。此无他，由其徒用礼、乐、刑、政，而行之不能本乎诚故也。

若夫太宗之英迈绝伦，玄宗之励精图治，宪宗之刚明果断，此唐之英君谊辟也。观其采古制而定章服，分二部以习音乐，立府兵、租庸调之法，除断趾而增覆奏，其用礼、乐、刑、政也如此。然而，一则假仁喜功，一则惑于女色，一则不终其业。考之当时，虽有斗米三钱，绝域来庭之盛；民皆乐业，威令几振之美。揆之唐虞三代恭和之治，不啻鱼目之厕美珠矣。此无他，由其徒用礼、乐、刑、政，而行之不能本乎诚故也。

迨夫有宋之兴，太祖之仁义，太宗之沉谋，有以开创于前。真宗之英悟，仁宗之仁恕，有以守成于后。真所谓英君谊辟矣。观其定朝仪而详服制，正音律而录名数，严科禁以弭奢僭，采敕条以为卷编，固皆用礼、乐、刑、政以图至治矣。然或好微行，或伤恩义，或假符瑞而封禅，或以邪正而互用，虽曰治效有过于汉唐，而亦不能比隆唐虞三代也。详其所以，又岂非设诚于内者有或替欤？

夫汉唐宋诸君，不能诚心行道，而治效不古若者如此。洪惟我太祖高皇帝肇造区夏，太宗文皇帝肃清邦家，而隆古之风以振。仁宗昭皇帝继其统，宣宗章皇帝纂其功，而隆古之治益彰。所以然者，固不外乎礼、乐、刑、政之用。原其所以用礼、乐、刑、政，又岂不本于列圣至诚之心也哉？陛下应天人之笃心，嗣祖宗之洪业，复位以来，孜孜图治，夙兴夜寐，不遑宁处。虑民性之未中也，则用礼以节之；虑民声之未和也，则用乐以和之。而礼也乐也，固并举而无遗矣。虑民行之不一也，则修政以一之；虑民奸之未息也，则明刑以防之。政也刑也，亦并行而不偏矣。是以治效之盛，旷古莫及。而圣心犹有治效未极于盛之虑，臣有以知陛下真大有为之君，真不世出之主，真可以四三王、六五帝，而视汉唐宋诸君风斯下矣。

陛下欲究礼乐之原，臣则以为礼乐之原，固不外乎一诚。陛下欲求刑政之本，臣则以为刑政之本，亦不外乎一诚。盖真实无妄，纯粹不杂者，诚也。一有所杂，则伪而不诚矣。悠久不息，始终无间者，诚也。一有所间，则息而不诚矣。陛下运此心之诚以兴礼乐，则大礼与天地同节，大乐与天地同和，而礼不失于昵，乐不流于淫矣。陛下运此心之诚以用刑政，则一政之出，人皆信之如蓍龟；一刑之施，人皆畏之如铁钺。而政不失于乖，刑不流于惨矣。

礼、乐、刑、政，虽备举而并行，然礼乐在所当先，刑政在所当后。析而言之，又必先礼而后乐，先政而后刑，此四者施行之次序也。行之既有其序，则礼乐昭宣，刑政修举，极天蟠地，周流四达，凡天下之民，莫不是遵是守，而无违悖者矣。然所以行而达之之要，实在于陛下一念之诚焉。陛下能于礼、乐、刑、政之用，一本于诚，则治化之盛，又何患乎不与唐虞三代同驱而并驾哉！将见今之黎民，与唐虞之黎民，同一于变时雍矣。今之百姓，与三代之百姓，同一遍为尔德矣。何则？世有古今，而道无古今；人有先后，而心无先后，惟在陛下至诚以感化之耳！所谓惟天下至诚为能化是也。

然陛下之策臣者既如此，而篇终又启之曰："子大夫潜心经史有年矣，其详著于篇，朕将采而用焉。"臣受陛下生成之恩，沐陛下教养之德，平昔之所涵养者，忠君报国之心；师友之所讲明者，致君泽民之事。虽援经据史之对，有未及详，而责难陈善之志，实有所抱负。既领春官之荐，叨奉大廷之对，正愚臣叩阍阖呈琅玕之日，谨拜手稽首而献言曰：

诚之为道，其大矣乎！具于太极之浑沦，而极于天地之变化；始于夫妇之隐微，而著于鸢鱼之飞跃。亘古亘今，莫非此诚之所为；彻上彻下，莫非此诚之所寓。故修身而不以诚，则欲得以间理；用人而不以诚，则邪得以间正。况礼、乐、刑、政，为治天下之大经大法，而行之不本于诚，可乎？《中庸》曰："凡为天下国家，有九经，所以行之者一也。"一即诚也，诚之为道，信乎其大矣。臣愿陛下存此心之诚，不贰以二，不参以三，不以始终而有殊，不以先后而有间。大廷如是，深宫亦如是。大政大事如是，微言细行亦如是。存养于端庄静一之中，省察于应事接物之际。出一言也，无非实理之所发；行一事也，无非实理之所著。由是而法帝王，必能合时措之宜，而不泥于古矣；由是而法祖宗，必能尽崇述之美，而有光于前矣。殆见德之所及，广大如天，极覆载之间，凡有血气者，莫不尊亲。信乎唐尧、虞舜，复见于今日；禹、汤、文、武，不得擅美于前世矣。

臣之愚见，始以诚为陛下勉，终以诚为陛下献，良以同民心出治道而极其盛者，实由于此。伏惟万几之暇，少垂睿览，则国家幸甚，生民幸甚。臣干冒天威，不胜恐惧战栗之至。臣谨对。

成化二年（1466）丙戌科　状元：罗伦

罗伦

罗伦（公元1431年—公元1478年），字应魁，后改字彝正，号一峰，吉安府永丰县（今江西永丰人）。罗伦年少时家中贫苦，经常会在干农活的时候，拿出口袋中的书看一看，立志学习圣贤的学问。明宪宗成化二年（公元1466年），罗伦考取状元。

罗伦状元及第后，被授予翰林修撰。任职刚三个月，他就上书弹劾朝中大学士李贤，说他没有按规定服丧三年，贪图权势、有悖人伦，结果反而被贬为泉州市舶司提举。不久之后李贤死，差不多过了一年的时间，罗伦官复原职，但是他意识到官场的险恶与腐败，不想再继续生活在官场的尔虞我诈中，只做了两年官就归隐了。

之后，罗伦便一直隐居在故乡金牛山，研究经学，成为一代名儒。他与胡居仁、张元祯等在弋阳圭峰、余干应天寺等地讲学，开明代民间书院会讲的先河，成化十四年（公元1478年），罗伦卒于金牛书院。嘉靖初年，他被朝廷追赠为左春坊谕德，谥文毅，学者尊称他为"一峰先生"，有《一峰集》传世。

取士情况

罗伦的对策首先从父子、君臣、夫妻、长幼、朋友之间的关系进行论述，再转到对其他方向的论述，可以说是在文章中把孔子的思想运用得淋漓尽致。他的对策中也融汇了程朱理学的思想，在表达上更为直接。他大胆揭露百姓的疾苦、吏治的腐败，敢于针砭时弊，因而使得这篇状元对策名动京城。当时的茶陵派祖师宰相李东阳对此篇对策颇为赞赏。

本科取士353人，状元罗伦，榜眼程敏政，探花陆简。

殿试策问

皇帝制曰：朕惟古昔帝王之为治也，其道亦多端矣。然而有纲焉，有目焉，必大纲正而万目举可也。若唐虞之治，大纲固无不正矣，不知万目亦尽举欤？三代之隆，其法浸备，宜乎大纲正而万目举也，可历指其实而言欤？说者谓汉大纲正，唐万目举，宋大纲亦正，万目未尽举。不知未正者何纲？未举者何目？与已正已举之纲目，可得而悉言欤？

我祖宗之为治也，大纲无不正，万目无不举，固无异于古昔帝王之治矣。亦可得而详言欤？

朕嗣承大统，夙夜惓惓，惟欲正大纲而举万目，使人伦明于上，风俗厚于下，百姓富庶，而无失所之忧，四夷宾服，而无梗化之患，薄海内外，熙然泰和，可以增光祖宗，可以匹休帝王。果何行而可？必有其要。

诸士子学以待用，其于古今治道，讲之熟矣。请明著于篇，毋泛毋略，朕将亲览焉。

状元殿试卷

臣对：臣闻居天下之大位，必致天下之大治，致天下之大治，必正天下之大本，正天下之大本，必务天下之大学。尧、舜、禹、汤、文、武之位，天下之大位也；尧、舜、禹、汤、文、物武之治，天下之大治也；尧、舜、禹、汤、文、武之心，天下之大本也；尧、舜、禹、汤、文、武之学，天下之大学也。有其学然后能正其心，有其心然后能致其治，有其治然后能保其位。治也者，帝王保位之良图；心也者，帝王出治之大本；学也者，又帝王正心之要道也。古先圣王知其然，是以尧学于君畴，舜学于务成昭，禹学于西王国，汤学于威子伯，文王学于铰时子期，武王学于虢叔，其所以精一此学，维持此心者，无不至也。故德泽加于当时，名声垂于后世，功高天下，名并日月而不可及。

自汉而唐，自唐而宋，其间英君谊辟，非不欲致治如唐虞三代，志士仁人，非不欲致君为二帝三王，然寥寥千载，未有一二庶几乎此者。或君有可学之资，有欲学之志，而不遇其臣，如高祖之于萧、曹，太宗之于房、杜，神宗之于安石，是非其君之罪也。或臣有匡国之才，有格君之学，而不遇其君。如贾、董之于汉，陆贽之于唐，二程、朱子之于宋，是非其臣之罪也。此君臣相遇自古以为难，而有志之士所以扼腕愤叹而不能自已也。此汉所以止于汉，唐所以止于唐，宋所以止于宋，而不能唐虞三代者此也。

臣每观前史，见君有向学慕道之心，而臣不能成之，则悲其为臣；臣有匡国致君之学，而君不能用之，则悲其为君。陛下继祖宗列圣之位，即尧、舜、禹、汤、文、武之位也；禀天纵聪明之资，即尧、舜、禹、汤、文、武之资也。治已至矣，犹以为未至，德已盛矣，犹以为未盛，乃万机之暇，进臣等于廷，降赐清问，首询唐虞三代，下逮汉唐宋诸君，惓惓欲正大纲，举万目，以明人伦，以厚风俗，以富庶百姓，以宾服属国，以增光祖宗，以匹休帝王，臣有以知陛下此心，即尧、舜、禹、汤、文、武之心也。陛下之有此心，非特臣之幸也，实宗庙社稷之幸，天下生灵之幸也。

臣敢不以尧、舜、禹、汤、文、武之所学者为陛下勉哉！

昔范祖禹上《帝学》八卷，以为自古治日常少，乱日常多，推原其故，由人主不学也。朱熹将入对，或曰："正心诚意之学，上所厌闻。"熹曰："某平生所学在此，若有所回护，是欺君也。"陛下有志于唐虞三代之治，而无汉唐宋诸君之失，固无不学之心，亦非厌闻正心诚意之说者，臣敢不以平生之所学者告陛下，而自陷于欺君之罪哉！使愚臣于此，犬马之诚有未尽，刍荛之见有或隐，上负朝廷，下负所学，臣恐后之悲今者亦无异于今之悲昔也。臣请因圣问而毕言之，陛下试垂听焉。

臣闻道之大原出于天，是道也，极于至大而无外，入于至小而无内。语其大也，则为父子、为君臣、为夫妇、为长幼朋友之伦，若网之有纲，所以根柢乎人心，纪纲乎世道，乃天地之常经，所谓为治之大纲也。语其小也，则为礼乐、为刑政、为制度文为之具，若网之有目，所以扶持乎三纲，经纬乎国体，乃古今之通谊，所谓为治之万目也。是道之纲，非吾心主宰之，则无自而正，是道之目，非吾心维持之，则无自而举。此心也者，又所以主于身，而为正大纲、举万目之根本也。心虽主宰乎是纲，非学则有所惑，纲何从而正？心虽维持乎是目，非学则有所蔽，目何从而举？此学也者，又所以正其心，而为正大纲举万目之要务也。大纲不正固不可以言治，万目不举亦非尽善之道也。故古昔帝王之治，其道虽多端，然必大纲既正而万目兼举，若尧之肇唐，舜之起虞，禹之创夏，汤之建商，文武之造周，皆不能外乎此也。

在尧之时，亲睦九族以广爱敬之恩，厘降二女以正闺门之礼，馆甥二室以厚朋友之伦，尧之大纲无不正也。在舜之时，厎豫瞽叟而父子之位定，克谐傲象而兄弟之化成，刑于二女而闺门之仪肃，舜之大纲无不正也。钦若昊天，敬授人时，命羲和以秩东作，命羲叔以秩南讹，命和仲以平西成，命和叔以在朔易，命鲧以治洪水，命四岳以明扬侧陋，允厘百工，咸熙庶绩，万目之举于尧何如也！察玑衡以齐七政，举祀礼而朝诸侯，命四岳以明四目，达四聪，命十二牧以修内治，服远人，命禹以宅百揆，命契以敷五教，命皋陶以明五刑，命伯益、后夔以作礼乐，命龙作纳言，四方风动，庶政惟和，万目之举于舜何如也！唐虞之大纲无不正，万目无不举如此，岂徒然乎？本于尧舜之心，惟务大学以正其大本也。不宝淫泆，不嗜玩好，而允执其中，尧之学也；罔游于佚，罔淫于乐，而允迪厥德，舜之学也。使唐虞之君不事乎此，则学有未至而大本不立矣，纲何自而正，目何自而举哉！

其在禹也，典常之率由，彝伦之攸叙。其在汤也，旧服之载缵，人纪之肇修。其在文武也，《麟趾》以厚公族，《棠棣》以燕兄弟，《鹿鸣》以飨群臣，《樛木》《思齐》，以严阃教。故其子孙或敬承继禹之道，或布德服禹之迹，或率乃祖攸行，或鉴先王成宪，或笃叙正父，或对扬光命，或率德以盖前人之愆，或脱簪以辅中兴之治，此三代之所以正大纲也。其养民也，夏以贡，商以助，周以彻焉；其教民也，夏曰校，殷曰序，周曰庠焉；其制刑也，夏有禹刑，殷有汤刑，周训祥刑焉；其建官也，夏、商官倍，亦克用乂，周人六典，阜成兆民焉；其作乐也，禹作《大夏》，汤作《大濩》，武作《大武》焉；其正朔也，夏建寅，商建丑，周建子焉；其习尚也，夏尚忠，商尚质，周尚文焉。三代之大纲无不正，万目无不举如此，岂徒然乎？本于禹汤文武之心，惟务大学以正其大本也。祗台德先，不自满假，懋昭大德，不迩声色，禹汤之学也；不盘游田，缉熙敬止，不作无益，克慎明德，文武之学也。使禹汤文武不从事乎此，则学有未至而大本不立矣，纲何自而正，目何自而举哉！此尧、舜、禹、汤、文、武惟能务天下之大学，以正天下之大本，所以能致天下之大治。

三代而下，汉唐宋诸君，虽有天下之大位，而不能务天下之大学，所以天下之大治卒不能致也。汉就高祖言之，如发义帝之丧，戮丁公之叛，庶乎明君臣之义；高四皓之名，割肌肤之爱，庶乎全父子之恩；立白马之盟，定同姓之封，庶乎广昆弟之爱。故继世之君，子不敢叛其父，弟不敢制其兄，妇不敢驾其夫，臣不敢专其君，岂不由高祖之作则哉！此其大纲可谓正矣。然其养民也，阡陌之坏未久，而井田之制不复；其教民也，坑焚之祸未久，而学校之制不复；郡县之设未久，而封建之制不复；五礼六乐之废未久，而礼乐之制不复。此其万目未尽举也。况兄弟不容，兆于羹颉之锡封；夫人同席，兆于戚姬之见宠；大将见杀，兆于韩彭之菹醢。先儒谓汉之大纲正，以臣观之，汉之大纲亦未能尽正如唐虞三代也。汉非惟万目未尽举，而大纲亦未尽正。以其或不事于《诗》《书》，或溺于黄老，或杂于刑名，或荒于神仙，而圣学也杂。圣学既杂则大本不立，何怪其大纲之未尽正，万目之未尽举哉！

唐就太宗言之，胁父臣虏，逼夺神器，父子之亲何在？推刃同气，喋血禁门，兄弟之义何在？纳巢刺妃，媚武才人，闺门之礼何在？故继世之君，子摄兵叛其父，臣摄兵叛其君，妇驾其夫，兄戕其弟，岂不由太宗之作俑哉！此其大纲可谓不正也。然设府卫之法，仿佛古人寓兵于农之意，设覆奏以审刑，仿佛古人钦恤之意，此其万目可谓能举也。然法令之行，比之先王未纯也；田畴之制，比之先王未备也；学校之教，比之先王未盛也；礼乐之具，比之先王未修也。先儒谓唐万目举，以臣观之，唐之万目亦未能尽举如唐虞三代也。唐非惟大纲不正，而万目亦未尽举如此。以其或蔽于异端，或荒于游畋，或锢于女色，或甘于小人，而圣学也怠。圣学既怠则大本不立，何怪其大纲之未尽正，万目之未尽举哉！

宋就太祖言之，其厚兄弟也，金匮之书，千古不磨，神器之重，一朝脱屣；其厚勋旧也，杯酒解柄，终全勋名，雪夜再幸，不改殊恩；其待臣下也，鞭扑不行于殿陛，骂辱不及于公卿；其严阃范也，内言不出于外，私恩不害于公。故继世之君，持盈守成，家庭之间，虽不能匹休乎《麟趾》之盛也，而操戈之事则未闻；闺门之内，虽不能齐美乎《关雎》之化也，而聚麀之耻则未有。此其大纲亦云正也，然制度颇因五代之旧，不能复先王之制。劝课农桑，美则美矣，视三代养民之制何如？修广学校，盛则盛矣，视三代学校之制何如？礼乐纷诸儒之喙，视三代制礼乐之遗意何如？兵财由朝廷之制，视三代制兵财之遗法何如？以至赃吏之戒不严，败军之法不立，设官之制太冗，任子之恩太滥，此其万目亦未尽举也。先儒谓宋大纲亦正，万目未尽举，以臣观之，黄袍加身未免来人之公议，烛影避席未免起人之疑心，德昭之死未免不厌乎众心，郭后之事未免有疵于盛德，则宋之万目固不举也，而其大纲亦岂尽正乎？宋之诸君见于行事如此，虽曰夜分读书，未免徒侈乎虚名；虽曰炎暑谈经，未免不关乎实践。圣学既无其实，则大本不立矣，其大纲之未尽正，万目之未尽举，又何怪其然哉！汉唐宋所以不能致唐虞三代之治，皆由大学不讲，大本不立故也。

我太祖高皇帝，龙飞淮甸，混一区宇，心尧、舜、禹、汤、文、武之心，而大本以立；学尧、舜、禹、汤、文、武之学，而大学以明。故以其大纲之正言之，观其祭毕便殿，泣下不止，遣祭皇陵，哀感不胜，则我太祖之圣孝，一虞舜之大孝，周武王之达孝也；观其剖符锡壤，建封诸王，上卫国家，下安生民，则我太祖之亲睦，一虞舜之敦叙九族，周武王之时庸展亲也；观其君臣同游之言，则与唐虞之都俞吁咈，商周之左右笃棐，同一揆也；观其申明五常之诰，则与唐虞之敦典庸礼，商周之建中建极，同一揆也。大纲之正有不如唐虞三代者乎？以万目之举言之，则法井给民之言，互知丁业之戒，与古人重农之意相出入也。学校教民之制，乡饮励俗之礼，与古人立教之意相表里也。内设六卿以总治天下，外设布政司以分理郡邑，内设都察院以肃朝廷之纪纲，外设按察司以为四方之耳目，则其制官之意，庶几乎古人六卿、九牧相倡和也。兵部、帅府相继于内，而将帅无偏重之势，布按、都司相制于外，而藩镇无专恣之患，则其制兵之意，庶几乎古人司徒、司马相统属也。命牛谅以制礼，则斟酌先王之典以还中国之旧；命陶凯以制乐，则务宣和平之意而屏亵狎之习。万目之举有不如唐虞三代者乎？列圣相承，心太祖之心，学太祖之学，圣德日新而无不正之纲，圣化日广而无不举之目。然法久则弊自生，世久则俗自降，故人伦有不明，风俗有不厚，而我祖宗之纲目渐以伦斁，百姓有不富，夷狄有不服，而我祖宗之纲目渐以乖张。

陛下嗣承大统，于兹三年，夙夜惓惓，惟此之虑，陛下此心，即尧之兢兢，舜之业业，禹之孜孜，汤之栗栗，文王之翼翼，武王之无贰之心也。

然自即位以来，躬行大孝以先天下，已有意于明人伦，而人伦至今犹未明；斥去邪佞，禁制奢侈，已有意于厚风俗，而风俗至今犹未厚；躬耕籍田，蠲免租税，已有意于富庶百姓，而百姓至今犹未富庶；简练将帅，严饬边备，已有意于宾服属国，而夷狄至今犹未宾服。陛下有尧、舜、禹、汤、文、武之心，而不能致尧、舜、禹、汤、文、武之治，意者陛下于尧、舜、禹、汤、文、武之学有未至乎？何其心之惓惓而效之邈邈也？臣请为陛下熟言之。

以陛下望治之切，求治之笃，必愤发于中，忧形于色，而惓惓之诚益有所不能已也。夫天下之事，未有不行于上而行于朝廷者也，未有不行于朝廷而行于天下者也。以人伦言之，今公卿大臣虽轩墀之内，有霄壤之隔，是非不及于面谕，则腹心无所托，而下情不得以上通，可否惟出于内批，则耳目有秘蔽，而上心不得以下究，何有乎君臣相亲之义也！陛下诚能体腹心手足之义，略崇高贵重之势，召见不时，咨访非一，使愿输忠悃者得以献其诚，务为蔽欺者无以施其诈，则君臣之化行于天下而无有不厚者也。

间阎小民，忍心害理，生则私妻育子，别藉异财，曾礼义之不知，死则食稻衣锦，火葬水瘗，曾禽兽之不若，何有乎父子相爱之恩也！陛下诚能望陵兴哀慕之悲，慈养勤定省之诚，公卿守终制之典，士夫严匿服之禁，则父子之化行于下而无有不亲也。

隔形骸而分秦越，弟或戕其兄，同门户而设藩篱，幼或贼其长，何有乎兄弟之爱也！陛下诚能厚同气之恩，广友于之爱，严犯上之律，敦敬长之风，则兄弟之化行于下而无有不爱也。

妾媵无数，庶人僭公侯之分，婚娶论财，嘉礼启贪鄙之风，何有乎夫妇之道也！陛下诚能则《关雎》之化，正宫闱之礼，申明婚嫁之式，定著妾媵之数，则夫妇之化行于下而无有不正也。

所贪者利禄，谁同心而相济！所附者权势，谁同道而相益！落井下石者纷如，贻书争谏者寂若，何有乎朋友之交也！陛下诚能亲君子之朋，远小人之党，烛挤陷之奸，奖协恭之正，则朋友之化行于下而无有不善也。

人伦之明自于上，非务学不能知。臣愿陛下惓惓圣学，以正大本，急求所以明伦之道，则人伦庶乎可明，无异于唐虞三代也。

以风俗言之，朱扉一开，燕鹊骈集，谀佞诡随者名之曰"变通"，缄默自便者目之曰"忠厚"，直言正色者非之曰"矫激"，持心操节者刺之曰"干名"，此士夫之风丧也。陛下诚能塞奔竞之门，杜谄谀之口，奖名节之士，张正直之气，则士夫之风振矣。

庶人帝服，娼优后饰，雕梁画栋惟恐其不华，珍馐绮食惟恐其不丰，锦绣金玉惟恐其不多，姝色丽音惟恐其不足，此奢侈之风盛也。陛下诚能躬节俭之实，抑浮靡之费，重僭逾之罪，定上下之等，则奢侈之风降矣。

典学校之教者，尸虚位而无实行，由科贡之途者，饰虚誉而乏实才，此学校之风衰也。陛下诚能重师儒之任，使无实行者不得以滥叨；严科贡之选，使无实才者不得以幸进，则学校之风兴矣。

珠宫梵宇，照耀云汉，髡首黄冠，充斥道路，此道佛之风炽也。陛下诚能鉴梁武宋宗之失，斥祸福报应之论，惟崇乎正道，毋惑于邪说，则道佛之风熄矣。

苞苴一入，贱可使贵；贿赂一通，滞可使达；橐货载归，里闾称庆；琴鹤自随，妻子怨詈，此贪黩之风盛也。陛下诚能综核名实，督行劝惩，廉介者必彰而无隐，贪墨者必诛而无赦，则贪黩之风止矣。风俗之厚自于上，非务学不能知，臣愿陛下惓惓圣学，以正大本，急求所以厚风俗之道，则风俗庶乎可厚，无异于唐虞三代也。

以言乎百姓之失所，则征求极于锱铢，而漏卮于宠幸之费，苛敛至于毛发，而尾闾于异端之奉，此吾民之困于赋敛者可恤也。征舸贡舰动连千夫，工匠舆台延及数户，此吾民之困于征徭者可恤也。田连阡陌，利累羊羔，家鸡圈豕，惟其所啖，此吾民之困于豪家巨室者可恤也。囊帛簏金，饫鲜醉酎，市虎门妖，恣其所欲，此吾民之困于贪官黠胥者可恤也。劫掠践蹂，鸡犬一空，胁持抑逼，肝脑涂地，此吾民之困于兵戈盗贼者可恤也。父食其子，夫鬻其妻，壮者散于四方，老稚转乎沟壑，此吾民之困于饥馑流离者可恤也。

　　百姓之失所固可恤矣，然恤之有其道焉，大要在于重守令，急务在于节财赋。守令者民之父母，守令不重，则好民之所恶，恶民之所好，豪猾由此而横，盗贼由此而起。财用者民之命脉，财用不节，则以一而科百，因十而敛千，赋敛由此而苛，征徭由此而滥。欲重守令，在于慎选科贡，疏理胄监，严励风纪，精立铨法；欲节财赋，在于简阅军士，沙汰冗官，杜抑私爱，斥绝异端。科贡既慎，则专图侥幸者不得以幸进；胄监既理，则苟延岁月者不得以幸选；风纪既严，则贪浊无状者不得以幸免；铨法既精，则文理不达者不得以幸用，政绩不闻者不得以幸迁，而守令自重矣。军士既阅，则老弱无能者不得以幸食；冗官既汰，则备员充位者不得以幸禄；私爱既杜，则贵戚近习之属不得以幸赐；异端既斥，则佛老邪怪之徒不得以幸干，而财用自节矣。何患百姓之不富庶哉！百姓之富庶自于上，非学不能知。臣愿陛下惓惓圣学，以正大本，急求所以富庶之道，则百姓庶乎可富，而无异于唐虞三代也。

　　以言乎夷狄之梗化，则房骄于北，羌黠于西，变诈之不测，侵掠之不常，驱之不足于兵，守之不足于食，此西方之夷寇可虑也；阻山川以为固，结流民以为援，鬼出神没，蜂屯蚁聚，此荆襄之夷寇可虑也；丹崖千仞，青壁万重，攻之则据险，守之则废时，此两广之夷寇可虑也；团聚山砦，流俘乡邑，我进则彼去，我退则彼来，此川蜀之夷寇可虑也。

　　夷狄之梗化，固可虑矣，然服之有其道焉，大要在于修内治，布恩信，急务在于择将帅，足兵食。内治不修则根本不固，恩信不立则人心不服，将帅非人则敌人不畏，士卒不附；兵食不足，则士气不振，众心不守。

　　欲修内治，在于戒逸乐足民用，任君子退小人；欲布恩信，在于宥胁从，绥降款；欲得将帅，在于收人望，专委任，戒欺罔；欲足兵食，在于广屯田，增士兵。逸乐既绝则主心日正，民用既足则邦本日固，君子既用则群策日陈，小人既退则奸弊日销，胁从既宥则叛乱日怀，降款既绥则归附日众，人望既收则将才日至，委任既专则将士日奋，欺罔既戒则赏罚日明，屯田既广则储蓄日富，土兵既增则兵力日振。何虑属国之不宾服哉！夷狄之宾服自于上，非务学不能知。臣愿陛下倦倦圣学，以正大本，急求所以宾服之道，则属国庶乎可服，无异于唐虞三代也。

嗟乎！陛下倦倦于唐虞三代之治，而臣倦倦勉陛下以唐虞三代之学者，诚以大纲之未正，臣不忧也；人伦之不明，风俗之不厚，臣不忧也；百姓之未富庶，夷狄之未宾服，臣不忧也。臣所忧者，陛下之大本虽已正矣，或不能如尧、舜、禹、汤、文、武之光明；陛下之大学虽已讲矣，或不能如尧、舜、禹、汤、文、武之精一。

陛下由臣之言，持倦倦图治之心，致倦倦为学之力，如尧舜，如禹汤，如文武，则天理日明，人欲日消。妖艳之色，淫哇之声，不足以荡此心；便辟侧媚之言，不足以蛊此心；神怪佛老异端之说，不足以惑此心；沉湎荒淫盘游之事，不足以荒此心；华丽珍怪奇玩之物，不足以侈此心；土木刑名征伐之类，不足以杂此心，而大本立矣。

大本既立，由是大纲可正，万目可举，人伦由是而可明，风俗由是而可厚，百姓由是而可富庶，夷狄由是而可宾服，薄海内外由是而可熙然太和，宗庙由是而可永安，神器由是而可以永保，圣寿由是而可以永延，祖宗列圣由是而可以增光，二帝三王由是而可以匹休，而汉唐宋诸君不足以望陛下之下风矣。若大本不立，则虽疲精惫神以求正夫大纲，举夫万目，以遂数者之效，而快陛下之心，亦将徒为文具。而天下之事无一可为者矣。此臣所以欲陛下从事于学也。

然臣之所谓学者，非稽同合异以为博也，非钩深致远以为奇也，非缛章绘句以为美也。臣之所谓学者，即《大学》之道也。是学也，即尧、舜、禹、汤、文、武之所学者也。其目有八，而各有其要。平天下治国齐家之要，在于修身。修身之要，在于正心诚意。正心诚意之要，在于致知格物。宋儒衍绎其义以进告其君，齐家之要有四，曰重妃匹，严内治，定国本，教戚属。修身之要有二，曰谨言行，正威仪。诚意正心之要有二，曰崇敬畏，戒逸欲。格物致知之要有四，曰明道术，辨人才，审治体，察人情。

是书也，乃先圣之心法，万古之成规，致治之良图，保邦之大道。

陛下必惓惓于此，昼而诵之，夜而思之，亲近儒臣，质问疑义，毋徒事虚文，毋徒应故事，毋徒闻之于耳而不识之于心，毋徒听之于人而不复于己，毋徒能之于始而或忽之于终，毋徒讲之于百辟云集之时，而即弃之于宫闱深严之地，毋以朝夕而有间，毋以寒暑而有辍。或摘其要语而列之于屏帏，或参以祖训而铭之于座右，考之于经，证之于史。如某事也，古人以之而治，以之而安，以之而兴，以之而寿，即惕然以省曰："吾今日之所行有合于此者乎？"如某事也，古人以之而乱，以之而危，以之而亡，以之而夭，即惕然以省曰："吾今日之所为有类于此者乎？"念念在此，此念之外无他念；事事在此，此事之外无他事，如是然后可谓之惓惓也，如是然后所存必正念，所出必正言，所行必正道，所亲必正人。如是然后身无有不修，家无有不齐，国无有不治，天下无有不平也。

嗟乎！人主之心未尝不好治而恶乱也，好安而恶危也，好盛而恶衰也，好寿而恶夭也。然治常少乱常多，安常少危常多，盛常少衰常多，寿常少夭常多，往往违其所好，蹈其所恶，夫岂其本心哉！以不能惓惓于学，而陷于不知故也。如人之疗病，未尝不欲其生而卒至于死者，亦岂其本心哉！以方书不熟，而用药不精故也。

方今天下大势，如人受病，非不枵然且大，形犹人也，内自心腹五脏，外达四肢百骸，无一毛一发不受病者，识者以为寒心，而庸医委之曰："安。"病者不悟其非，和之曰："吾无病也。"昔扁鹊见齐桓侯曰："君有疾，不治将深。"桓侯曰："寡人无疾。"如是者三，扁鹊望见桓侯而走。后五日，桓侯病作，召扁鹊，扁鹊已逃去。臣愿陛下以本心为元气，以贤臣为明医，以古圣贤经史、祖宗宝训所载之言为古方，为药石，惧病之将深而预治之，信任明医，熟阅古方，深察脉理，精择药石，节嗜欲，慎防护，日调理其元气，急求病根之所在而划除之，则元气日固于内，邪气不攻于外，则百病自消，天年自固，何忧寿不如尧舜，不如禹汤，不如文武者乎？及今犹可为也，及今不为，臣恐扁鹊望之而走矣，虽噬脐无及也。

唐虞三代与我祖宗列圣之大纲无不正，万目无不举，元气本固，客邪难入，病无自而生也。汉唐宋之或大纲正而万目不举，或万目举而大纲不正，元气未固，客邪易奸，随病而施药者也。自唐虞而三代，自三代而汉唐宋，用是道则治，不用是道则乱；用是道则安，不用是道则危；用是道则盛，不用是道则衰；用是道则寿，不用是道则夭；用是道则延长，不用是道则短促。然则是道也，乃世道治乱之所系也，社稷安危之所关也，风化盛衰之所由也，人主夭寿之所本也，国祚长短之所在也。陛下可不大儆于心乎！

《易》曰："正其心，万事理，差之毫厘，缪以千里。"董仲舒告武帝曰："尊其所闻则高明矣，行其所知则光大矣。"高明光大不在乎他，惟在乎加之意而已。臣愿陛下加意于臣之言，毋如武帝不加意于仲舒之言也。苏轼对仁宗曰："天下无事，则公卿之言轻如鸿毛；天下有事，则匹夫之言重于丘山。"今天下不可谓无事矣，臣愿陛下不视臣言如鸿毛，而视臣言如丘山，则天下幸甚，生民幸甚。

臣俯拾刍荛，上尘天听，不胜战栗之至。臣谨对。

成化十七年（1481）辛丑科　状元：王华

王华

王华（公元1446年—公元1522年），字德辉，号实庵，晚年号海日翁，浙江余姚人。王华曾在龙泉山读书，又被称为龙山先生，是明代著名心学家王阳明的父亲。

王华于明宪宗成化十六年（公元1480年）中举，次年夺得状元。及第后，王华被授予翰林院修撰，后任经筵讲官、右谕德等职。明孝宗弘治九年（公元1496年），王华担任日讲官，并于弘治十一年（公元1498年）主持顺天乡试，于弘治十四年（公元1501年）主持南京乡试，选拔了不少优质人才。弘治十二年（公元1499年），王华升为翰林学士，修撰《大明会要》《通鉴纂要》，完成后，升为礼部右侍郎。

明武宗即位后，大宦官刘瑾专权，王华不肯对其阿谀奉承，被贬为南京吏部尚书，次年又被逼辞去官职。王华归乡后，死于嘉靖元年（公元1522年），享年76岁。留下《垣南草堂稿》《龙山稿》《礼经大义》等著作。

取士情况

此次殿试,策问以"道""法"的实质以及治国之道为题,王华认为"道"与"法"缺一不可,应双管齐下,并运用大量的史实阐述其重要性。他认为:"道莫大于纲常,法莫大于田赋兵刑。"他提出皇帝需"明诸心",始终如一,也能够实现超越唐虞三代。

本科取士298人,状元王华,榜眼黄珣,探花张天瑞。

殿试策问

皇帝制曰:朕祇奉丕图,究惟化理,欲追三代以底雍熙,不可不求定论焉。夫三代之王天下,必有纪纲法度,然后可以言治。而议者乃谓三代之治,在道不在法,岂法无所用乎?

圣王立法必有名以表实,然后可以传远。而议者乃谓三代之法,贵实不贵名,岂名非所先乎?治不在法,则继以仁政之说似戾,法不贵名,则必也正名之说似迂,二者将何所从也?

嗣是称治者,莫过于汉唐宋。汉大纲正,于父子君臣之道盖得矣,而其治何以不能继夫周?七制之君,知重道者孰优乎?唐万目举,如田赋兵刑之法近实矣,而其治何以不相远于汉,三宗之内,能守法者孰贤否?至宋则大纲正,万目未尽举,似于唐不及,又谓其家法有远过汉唐,足以致太平者八事,而并指其君之贤,其说又何所据也?夫法不徒行,名不苟立,古之人必有处乎此者,而后世获效之不同如彼,何也?

兹朕于道必欲采其精微之蕴,于法必欲参其制作之详,于所谓名与实者,必欲考求三代之所以相须而治,汉唐宋之所以不相须而治、不古若者,庶几取舍明,而跻世雍熙可期也。

诸生学古通今,出膺时用,必审知之矣。其各殚心以对,毋略毋泛,朕将采而行焉。

状元殿试卷

臣对：臣闻人君之治天下，有体焉，有用焉。体者何？道是也。用者何？法是也。道原于天而不可易，所以根抵乎法者也。法因乎时而制其宜，所以品节乎道者也。道立而法未备，则民生未遂，民患未除，未足以言治。法具而道有未立，则纲常沦斁，风俗颓靡，又奚足以为治哉？故善为治者，不徒恃乎法以制天下之人，要必本于道；而善为法者，不徒徇乎名以诳天下之人，要必求其实焉。夏、商、周之所以致天下于大治者，以其有得乎此也。汉唐宋之所以治不古若者，以其胥失乎此也。然则今日欲究化理而求定论，亦惟遵三王之道，行三王之法，务使全体大用之毕举，而陋汉唐宋于不为可也。岂必外此而他求哉？《书》曰："鉴于先王成宪，其永无愆。"此之谓也。

钦惟皇帝陛下，睿智聪明，根于天性，宽仁庄敬，见于躬行。丕承一祖四宗之鸿图，默契二帝三王之心学，涵养深而天理明，历阅久而世故熟。是以十有八年之间，圣德日新，治效日隆，诚可谓大有为之君，不世出之主也。然犹不自满假，乃于万几之暇，廷集诸生，诹咨治道，且欲求一定之论，以追三代之隆。臣有以知陛下是心，其即古帝王好问好察谋及士庶之心也。臣以草茅之微，获与诸生之列，仰承明诏，敢不俯竭愚忠，茂明大对，以少裨万分之一乎？

臣窃惟治之体本于道，治之用存乎法，法之行必有其名，而名之立必有其实。人君所以持一定之论，而致雍熙之治者，端在于斯矣。且道莫大于纲常，法莫大于田赋兵刑。三纲不正，不足以言道；四事不举，不足以语法。臣请先以家喻之。今有巨室焉，父慈而子孝，夫义而妇听，其家道正矣。然而耕耨失其时，收敛无其术，仰不足以事父母，俯不足以畜妻子，或门庭之寇不能御，或奴隶之肆无所惩，如此而谓之家齐，不可也。其或家给人足，令行禁止，而父子夫妇之间或有所歉，如此而谓之家齐，不可也。又或事事而为之名，以耸人之观听，而求其实，则泯然无迹之可举，如此而谓之家齐，可乎？

家之于天下，势不同而理同。道也，法也，实也，名也，诚可相有而不可相无也。昔者三代之王天下，盖有法以辅其治，非专恃乎法也；盖有名以表其实，非徒徇乎名也。臣请略举其概。如咸则三壤以制井田，差为九等以定贡赋，六师以征不序，三千而有赎条，此有夏治天下之法也。八家各授一区以为私田，八家同养公田以给赋税，设六军之制，制风愆之刑，此有商治天下之法也。详之为井牧沟洫，而田有所分；纤之为九府圜法，而赋有所统；司马掌九伐之法，以正邦国；司寇掌五刑之制，以纠万民；非成周治天下之法乎？其制田赋也，实足以裕民而足国；其制兵刑也，实足以御乱而禁奸。岂徒为虚名而已哉！矧禹之治，本于祗台德先，而率由典常，则其法有道以为之体，故能文命诞敷，以臻声教四被之治。汤之治，本于克宽克仁，而肇修人纪，则其法有道以为之体，故能表正万邦，以成兆民允怀之治。文王纯亦不已，而兹迪彝教，武王建其有极，而重民五教，则周之法亦有道以为之体，此所以致有夏修和，四海永清之治也。宋儒罗从彦谓："三代之治在道不在法，三代之法贵实不贵名。"盖言法之不可以离道，名之不可以失实耳。夫岂谓法无所用，而名非所先乎？

三代而后，称善治者，莫过于汉唐宋，若秦隋五季之流，皆无足齿矣。汉高祖用三老之言而发义帝之丧，赦季布之罪而戮丁公之叛，则君臣之义以明；因家令之言而尊礼太公，高四皓之名而割爱衽席，则父子之伦无失。是大纲正而道得其概矣。惜乎规模虽宏远，而多袭嬴秦之旧，《诗》《书》之不事，而未脱马上之习。故其时去成周虽未甚远，而田赋兵刑之类，多缺典矣。果能如三代之制，道法兼资者乎？汉有天下，历年四百。高祖而下，若文帝之躬修玄默，武帝之雄才大略，宣帝之信赏必罚，光武之沉几先物，明帝之遵守成宪，章帝之宽厚长者，亦皆一世之贤君。王通取之为七制，宜矣。然以重道言之，则圣贤大学之道，概乎其未之有闻，臣未敢必其为孰优。此汉之治，所以止于汉也。

唐太宗制口分世业之田，租庸调之法，仿佛乎先王田赋之遗意；定上中下府兵之制，五覆奏三讯之刑，依稀乎先王兵刑之旧规。是万目举而法近乎实矣。惜乎制度虽益详，而不能自身推之于家；纪纲虽益密，而不能自家达之于国。故其法视两汉虽若过之，而父子君臣之间，多惭德矣。果能如三代之法，名实相须者乎？唐有天下，传世二十。太宗而后，若玄宗之削平内难，励精政事，几致太平；宪宗之刚明果断，能用忠谋，克除僭叛，亦皆继世之令主。史臣取之为三宗，当矣。然以守法言之，则二帝三王之法，邈乎其未之能及，臣未敢必其为孰贤。此唐之治，所以止于唐也。

逮宋室之兴，太祖开基，事周后如母，爱少帝如子；鞭朴不施于殿陛，骂辱不及于公卿；慈闱一言，载在金匮，舍子立弟，付托得人，其大纲可谓正矣。但其兵虽有三衙四厢之制，而不足以御外侮；刑虽有折杖常刑之典，而不足以禁奸吏；天下之田，虽二十税一，而未能合乎井牧沟洫之制；役民之法，虽因乎唐制，而未若租庸调法之详，其万目则未尽举也。夫大纲虽正，万目未举，似于唐不及也。而其家法之善，则有过于汉唐者焉。吕大防尝言："前代人主，朝见母后有时，祖宗以来，朝夕皆见，此事亲之法也。前代大长公主，以臣妾之礼见，仁宗以侄事姑，此事长之法也。前代官闱多不肃，本朝宫禁严密，此治内之法也。前代外戚多预政事，本朝不许与事，此待外戚之法也。前代宫室多尚华侈，本朝宫殿止用赤白，此尚俭之法也。前代人主在宫禁，出舆入辇，祖宗步自内庭，出御后殿，此勤身之法也。前代人主在禁中，冠服苟简，祖宗以来，燕居必以礼，此尚礼之法也。前代多深于用刑，惟本朝臣下有罪，止于罢黜，此宽仁之法也。"凡此八事，信乎家法之过于汉唐矣。太祖而下，如太宗之恭俭好文，真宗之宽仁慈爱，仁宗之力行恭俭，英宗之优礼大臣，庶几其贤者欤！惜其仁厚有余，而刚断不足。此宋之治，亦止于宋而已。

夫法非自行，必本于道而后行；名非自立，必有其实而后立。古之人皆有以处乎此？而后世获效之不古若，岂非以其或有体而无用，或有用而无体欤？

洪惟我朝太祖高皇帝，创业垂统，用夏变夷，大诰申明五常之义，律令详著万法之条，养民有田，足国有赋，御暴有兵，禁奸有刑，大纲毕正，万目具举。其弘谟丕范，诚是以超越三王，垂示万世矣。列圣相承，重光继照。至于陛下，祖述宪章，克笃前烈，大孝尊亲，上隆欢于慈极；彝伦攸叙，下疏爱于天潢。分田赋民，惟祖宗之成宪是遵；练兵用刑，惟祖宗之旧典是式。总万善于一身，光百王于千载。其于道法兼资之要，名实相须之义，固已洞烛于渊衷矣。然于道欲探其精微之蕴，于法欲参其制作之详，于所谓名与实者，欲考求三代之所以相须而治，后世之所以不须而治不古若者。臣以为此无他，在陛下一心转移间耳。盖人之一心，至虚至灵，所以具众理者在是，所以应万事者在是。但为气禀所拘，物欲所蔽，其全体大用，始有不明矣。陛下诚能先明诸心，复其本然之正，去其外诱之私，不为后世驳杂之政所牵滞，不为流俗因循之论所迁惑，则于道也，必能探求其精微，而见于日用彝伦之间，莫不各有以尽其当然不易之则矣。于法也，必能参详其制作，而形于纪纲法度之际，莫不皆有以成其巍然广大之业矣。至于考求其名实，则知夏商周之精详，非若汉唐宋之阔略，而其得失之际，又岂待辨而明哉！程子曰："必有《关雎》《麟趾》之意，然后可以行《周官》之法度。"是知道与法必兼资而后可以言乎治。孔子曰："君子名之可言。"是知名与实必相须而后可以传诸远。然则，道与法兼资，名与实相须，孰谓不在陛下方寸间耶？

虽然，人君之治固本于一心，而正心之要，尤在于意诚。《大学》曰："欲正其心，先诚其意。"使意有不诚，则无以正其心而推于治矣。臣愿陛下穷理以致其知，存诚以立其本，而凡一念将发之顷，必察其天理人欲之几。天理耶，必循之而造其极；人欲耶，必遏之而绝其根。大廷广众之中，固此诚也。深宫燕闲之地，亦此诚也。念念相承，无少间断。则一理浑融，万几密勿，将见体用兼全，本末日举。陛下今日之治道，与三王同一道心之精微；陛下今日之治法，与三王同一时中之妙用；而盛治之效，亦将与三代比隆矣。区区汉唐宋之治，何足言哉！

昔宋儒朱熹入对，有戒其勿以正心诚意之说进者。熹曰："吾平生所学，在此四字，岂敢隐默以欺吾君。"臣尝诵此以自箴警。今承明诏，故于篇终直举所得于学者以为献。亦何敢负所学以欺吾君父耶？臣不胜惓惓之至，伏惟陛下留神察焉。则天下幸甚，万世幸甚。臣谨对。

成化二十三年（1487）丁未科　状元：费宏

费宏

费宏（公元1468年—公元1535年），字子充，号鹅湖、健斋，江西铅山人。费宏16岁就已中举，考取状元时年仅20岁。

费宏状元及第后，被授予翰林院修撰。明武宗即位后，费宏任职太常寺少卿兼侍讲侍读，修撰《孝宗实录》。明武宗正德年间，官至礼部侍郎、礼部尚书等职。费宏因不愿被宁王朱宸濠所用，遭到弹劾，于正德九年（公元1514年）被迫远离官场。

宁王兵败，世宗即位，令特使迎他还朝。明世宗嘉靖三年（公元1524年），费宏再度入阁，因权力之争遭到排挤，曾多次上疏辞职。嘉靖六年（公元1527年），费宏再次远离官场。嘉靖十四年（公元1535年）桂萼逝世，张璁遭到免职，明世宗下诏令，费宏重返朝中。但他毕竟年事已高，心有余而力不足，不久后便身患重病，随即逝去，享年68岁。去世后，费宏被追赠为太保，谥文宪。著有《费文宪公集》。

取士情况

此次殿试，策问中明宪宗试图寻求致治守成之道。费宏提出"法""勤"，并从历史角度进行阐述，文章兼议论与史实，实属佳作，获得皇帝赞赏，故夺得状元之位。

本科殿试取士351人，状元费宏，榜眼刘春，探花涂瑞。

殿试策问

皇帝制曰： 自昔帝王创造丕图，必有贻谋，以为长治久安之计。夏商周之迹见于经，汉唐宋之事具于史。朕欲闻其纪纲、统体、制度得失之详。

迨其嗣世之君，欲保盈成以跻至治，一惟旧典是遵是用。其或久也，不能无偏而不举之处，则亦兴其滞，补其弊，期使斯民得被先王之泽，如夏启、商宗、周宣王是已。而汉唐宋之君亦有能庶几者乎？朕欲究其奋励有为、功业可称之实。

夫事不稽古，固无以证今，然徒泛论古之人，而不求今时之急务，亦非纳言之善也。昔朕太祖高皇帝奄一寰宇，建制垂宪，万世攸崇。太宗文皇帝定鼎两京，洪谟远略，光前裕后。列圣相承，益隆继述，斯民乐育于熙皞之治，已百二十年矣。然治极而弛，理势自然。祖宗良法美意，岂能悉祗承而无弊乎？肆朕惓惓以法祖为念，欲俾内外百司，群工庶职，咸思奋庸熙载，恪守典训而慎行之，毋滋偏失不举、名存实爽之议，用期吏称其职，民安其业，中国尊而四夷服，风雨时而嘉祥至，谅必有道矣。

尔诸生皆学古通今，有志于用世者，其各直述以对，毋有所隐，朕将亲览焉。

状元殿试卷

臣对：臣闻帝王之御天下也，有致治之道，有保治之道。致治之道存乎法，保治之道存乎勤。非法无以维天下之势，非勤无以守天下之法。故创造丕图者，必立法以贻孙谋；嗣守鸿图者，必忧勤以绳祖武。曰纪纲、曰统体、曰制度，皆法之具也，而兴滞补弊，则勤之实耳。创之者以法，则国势尊严而有以成长治之业；守之者以勤，则法度修举而有以跻至治之休。帝王御天下之道，夫岂有外于此乎？夏、商、周之治所以卓冠千古，以其创之者其法善，而守之者其志勤也。汉唐宋之治不古若，庸非创之者其法有未善，守之者其勤有未至欤？

恭惟皇帝陛下，年当鼎盛，运抚盈成。昧爽临朝，惟祖宗之法是遵；甲夜视事，惟祖宗之法是鉴。临御以来，于兹二纪，贤才皆已举用，四海皆已无虞，保治之道盖已默得于圣心之妙矣。犹不自足，乃于万几之暇，廷集多士，谘诹治道。首举三代汉唐宋之创业者，而欲闻其纪纲、统体、制度得失之详；中举三代汉唐宋之守成者，而欲究夫奋励有为，功业可称之实；末复以祖宗列圣之所以创守为言，而虑夫成法之弊，且拳拳以法祖为念，期于吏称民安，中国尊而四夷服，风雨时而嘉祥至。臣伏而读之，有以见陛下知创业之惟艰，念守成之不易，而欲保熙皞之治于无穷也。臣请稽之经，订之史，按之当今之务，为陛下陈之，陛下幸垂听焉。

臣闻天下重器也，创之至艰，守之至艰。创之而不知所以创之之道，则无以垂治于百王；守之而不知所以守之之道，则无以保治于万世。创之之道无他焉，臣前所谓法是已；守之之道无他焉，臣前所谓勤是已。盖法者，维持天下之具。故帝王创业，必建立纪纲，经画统体，条陈制度，以尽天下之法，以贻子孙之谋，以为长治久安之计。自家而国，自国而天下，彼此相维，内外相制，如身之使臂，臂之使指者，纪纲之谓也。或尚宽大，或尚严明，以此而始，以此而终，不朝文而暮质以自溃乱者，统体之谓也。治教、礼乐、田赋、兵刑之类，所以经纬天地、黼黻民物者，制度之谓也。

然先王之法必有偏而不起之处，故政有眊而不行。守成者欲保盈成以跻至治，又必勤励不息，兴其滞以补其弊，然后天下之法可以施诸罔极，先王之泽可以被及斯民，而世为有道之国矣。

臣请以创之之法言之。禹之造夏，有典则以贻子孙，观其文命四敷，声教四讫，则有以立乎纪纲。政尚忠朴，治先勤俭，则有以定乎统体。至于建官二百，内辟三千，设六师以讨罪，辨三壤以成赋，天秩有礼，大夏有乐，教民以序，正朔以寅，其制度又无不备。禹之立法贻谋，其善如此，夏之治安于此乎致矣。汤之造商，昭大德以裕后昆，观其肇修人纪，而九有有截，则纪纲以立；代虐以宽，而兆民允怀，则统体以定。至于建二相以总百官，制官刑以儆有位，公田籍而不税，大辂质而得中，国老养于右学，庶老养于左学，其制度亦无不备。汤之立法贻谋，其善如此，商之治安于此乎致矣。

若夫周之文、武、启佑后人，咸正罔缺，风化基于《关雎》，内庭属于《冢宰》，枢机周密，有以为四方之纲，明德而不敢忽，慎罚而不敢滥，仁爱忠厚，有以为一代之体。其建官也，六卿分职；其制刑也，三典诘奸。田赋有乡遂都鄙之殊，军赋有乡遂丘甸之异。语礼乐，则五礼以节民性，六乐以和民声。语教化，则三物以兴贤能，四术以造俊秀。制度之备又何如也？周之治安，何莫而不本于立法贻谋之善乎？

下逮汉唐宋，创业之君非不欲致治如三代也，但其法有未善耳。汉之高帝大封同姓，委任大臣，以规模为纪纲。约法顺民，扫除烦苛，以宽仁为统体。命萧何次律令，命叔孙通制礼仪，章程定于张苍，军法申于韩信，所以贻谋者又有制度矣。然人纲虽正，而终不能无杂伯之非，大体虽宽，而卒不能除参夷之令。庶事草创而井田不复，学校不兴，礼文多阙，而正朔不改，官名不定，则其法不能以皆善也。

唐之太宗除乱致治，四夷宾服，庶乎知立国之纪纲。屈己从谏，仁心爱人，庶乎知为政之统体。以职事任官，以尊本任众，以租庸任民，以府卫任兵，礼制于房玄龄，乐作于祖孝孙，六学有领，五刑有覆，所以贻谋者又有制度矣。然内多惭德，有夷狄之风；渐不克终，来诤臣之疏。法度之行，礼乐之具，拟之先王未备；田畴之制，庠序之教，拟之先王未详。则其法不能以皆善也。

至若宋之太祖，以忠孝廉耻为纪纲，而五事之美，千古所无。以偃兵息民为统体，而五季之弊一朝顿解。两府台谏，官之总察有方。三衙四厢，兵之简阅有道。幸学有训，均田有令，而教养之法可观。温叟制礼，和岘制乐，而礼乐之文可取。又有制度以贻谋矣。然宗室则无选举、教训之实，宿卫则聚卒伍、无赖之人。官司之课试不严，学校之作成无要。兵士每杂于疲老，农民常苦于征繇。其法又岂能尽善哉！由是观之，则圣策所谓纪纲、统体、制度得失之详，可得而知矣。

臣请以守之之勤言之。夏当有扈违命之时，三正怠弃，五行威侮，禹之法不能无偏而不起之处也。启则敬承继禹之道，而奋励有为，兴滞补弊，召六卿以行天讨，申赏罚以肃人心，卒使民被先王之泽，而讴歌有归，有夏盈成之治以勤而保矣。商自盘庚既没之后，赏刑僭滥，荆楚叛背，汤之法不能无偏而不起之处也。高宗则监于先王成宪而奋励有为，兴滞补弊，求良弼以代王言，衷荆旅以昭殷武，卒使民被先王之泽而小大无怨，有商盈成之治以勤而保矣。至若周自厉王之烈，《小雅》尽废，而四夷交侵，上帝板荡，而下民卒瘅，文、武之法不能无偏而不起之处矣。宣王由是奋励有为，兴衰拨乱，《车攻》复古，明文、武之功业；《六月》出师，复文、武之境土，卒使王化大行，流离还定，周之盈成，何莫而不保于兴滞补弊之勤乎？

下逮汉唐宋守成之君，非不欲保治如三代也，但其勤有未至耳。汉之宣帝、光武庶几法祖之君也。或承武昭虚耗之弊，而综核名实，信赏必罚，伸威北狄，功光祖宗。或鉴西京不竞之祸，而明慎政体，总揽权纲，身致太平，恢复前烈，其兴滞补弊之功业有可称者。惜夫神爵之后颇尚荒唐，建武之中竟行封禅，则其勤有未至焉。唐之玄宗、宪宗庶几法祖之君也。或革前朝权戚之弊，而励精政事，开元之际几致太平。或征德宗姑息之祸，而纪律必张，元和之初威令复振。其兴滞补弊之功业有可称者。惜夫天宝之末嗜欲滋生，平蔡之后侈心遽动，则其勤有未至焉。至若宋仁宗承宫闱传政之后，裁抑侥幸，锐意太平。神宗当累朝委靡之余，勤俭有为，励精求治。亦可谓善法祖宗，而兴滞补弊之功业有足称者。惜夫一则仁柔有余，刚断不足，一则听言太广而进人太锐，其勤又岂能至哉！由是观之，则圣策所谓奋励有为，功业可称之实，可得而知矣。

大抵三代之法尽善尽美，故其子孙有所据依而为治也易。至于政弊，然后变其小节，而其大体卒不可易。汉唐宋之法不过因陋就简，以苟一时之近功，其善者常寡，而不善者常多；其善者常小，而其不善者常大。立之未几，而弊已随之。后世之君区区敓补，百孔千疮，随乱随失，虽欲言治，皆苟而已。

洪惟我太祖高皇帝混一区宇，建制垂宪，而法之贻于后者至精而至备。太宗文皇帝定鼎两京，讦谟定命，而法之光于前者愈盛而愈彰。请举其大者言之：宫闱雍肃而无出阃之言，左右忠勤而谨戴盆之戒。任府部为股肱，而事权不紊；倚台谏为耳目，而国论有归。宗子分封，以广维城之助；三司并置，以革藩镇之专。申明典常，而有以正天下之大谊；诛逐胡虏，而有以严天下之大防。则纪纲之善无异乎三代矣。治本人情，而广孝悌之化；仁同一视，而无南北之殊。施猛政以济宽，用重典以平乱。惠鲜鳏寡，贪墨之加者必惩；怀保小民，豪强之凌暴者不贷。则统体之善无异乎三代矣。至若审官立铨选考课之方，育才设学校科目之典。财以足国，而赋税漕运有其经；兵以卫民，而番上分屯有其备。礼仪有式，宴享有章，而和敬之风以著；令教于先，律齐于后，而钦恤之意攸存。则制度之善又无异乎三代矣。祖宗之所以创业者其法既善，自是而后，若仁宗昭皇帝之励志图治，推诚任人；宣宗章皇帝之偃武修文，五伦攸叙；英宗睿皇帝之乾刚独断，克复旧物。莫不以勤而继守之。传至陛下，又能绍列圣之忧勤，守祖宗之成法，斯民乐育于熙皞之治者盖已百二十年，虽三代治安之长久不是过矣。

圣策乃谓治极而弛，理势自然。祖宗之良法美意，岂能悉祗承而无弊？臣知此固圣人忧勤不已之心。臣敢不俯陈狂直以副圣心之万一乎？臣惟法之立也，本无不宜；法之行也，始有其弊。因其弊而救之，则存乎其人。古人有言曰："救弊者莫如修德。"又曰："救弊者莫如责实。"臣愚窃谓今日救时之急务，亦惟修德责实，益致其勤而已。盖德者，法之本也。德之修万一有不慎，则其流之弊，必至于纵欲以败度。譬之人伤其气而寒暑易侵，木伤其根而风雨易折。法虽具也，亦徒法而已矣。实者，名之主也。实之责万一有不核，则其流之弊，必至于欺谩以成风。譬之抟土为舟不足以利涉，画地为饼不足以充饥。名虽美也，亦虚名而已矣。故以舜之重华协帝，而伯益犹以罔失法度为言。以舜之庶绩咸熙，而皋陶犹以屡省乃成为戒。正以无虞之世，其修德责实之功不可少怠耳。今陛下防非窒欲，恪守旧章，任贤使能，大明黜陟，所以修其德而责其实者，固不可以有加矣。而臣子之心每以有加无已而望陛下，此臣所以拳拳以勤为献也。况我祖宗之法莫不以勤而创之。臣尝观祖宗之谕近臣有曰："朕念创业之艰难，日不暇食，夜不安枕。"又曰："人君理万几，怠心一生，则庶务壅滞，其患不可胜言。"又曰："天下之大，庶务之殷，岂所须臾怠惰，一怠惰则百度弛矣。"凡皆勤之准的也。陛下既知拳拳以法祖为念，又可不法祖宗之勤乎？

臣请以勤之说，为陛下别白而重言之。夫君者，天也。天惟聪明刚健，动而不息，是以其光为日月，其文为星辰，其威为雷霆，其泽为雨露，而万物之生于动者，各得其职。天之行也，一息有不继，则运动无常，而不能以宰万物矣。人君之御天下，以其能宪天聪明，体天刚健，而拳拳焉勤励不息也。一或怠焉，则德有不修，实有不责，先王之法委靡废放，日趋于弊而已，又安能保天下之治哉。

臣愿陛下所其无逸，罔或不勤，宪天之聪明以为聪明，体天之刚健以为刚健。一念之萌，必谨而察之曰：此于吾法得无有所害乎？一令之出，必反而思之曰：此于吾法得无有此紊乎？无所害也无所紊也，然后从之，不然不敢从也。如是则人欲净尽，天理昭融，圣德益修，而所以救弊者有其本矣。由是条天下之事，其大者有几；表天下之人，其可用者有几。鸡鸣而起曰：吾今日为某事用某人。他日又曰：吾所为某事，其事果济矣乎？所用某人，其人果才矣乎？事果济也，人果才也，然后已之，不然不敢已也。如是则为之而成，革之而服，名实相须，而所以救弊者有其要矣。陛下于是二者果能拳拳焉，不违于心，则勤之实以尽。内外百司，群工庶职，孰敢不体陛下法祖之心，奋励熙载，恪守典训而慎行之乎？以是守祖宗之纲纪，必能开众正之门，杜群枉之路。威福得以专，而无侵挠之患；政事得以修，而无阿私之失。以是守祖宗之统体，必能存仁厚之风，行宽大之政，垂旒黈纩而黜其聪察，藏疾纳污而务于包涵。以是守祖宗之制度，必能惜名器，公用舍，以精吏治；必能重师儒，慎科责，以正士风。理财也，必能罢无名之征，停不急之务；理兵也，必能稽私役之卒，惩贿求之将。礼乐则必能革奢僭之习，放淫哇之声；刑政则必能除惨刻之科，重威福之罚。将见滞无不兴，弊无不补，今日之急务无不治，良法美意可以抵承而无偏失不举，名存实爽之议。由是而吏称其职，由是而民安其业，由是中国尊而四夷服，由是风雨时而嘉祥至。凡陛下所期无不如志，可以保盈成于万世之久，可以跻至治于三代之上矣。区区汉唐宋之功业，乌足言哉！

　　陛下之所以策臣者大略如此，而于其终复策之曰：诸生学古通今，有志于用世者，其各直述以对，无有所隐，且宠之以朕将亲览之一言。臣荷陛下生成之德，沐陛下教养之恩，学虽不足以通经，而志于用世也久矣。今幸一登文石之陛，陟赤墀之途，承问而对，臣之职也。直言无隐，臣之忠也。况陛下导臣而使之言哉！

　　臣复有一言以为陛下献者，惟欲陛下终始以勤而已。昔周公之于成王有无逸之戒，宋璟之于玄宗亦有无逸之图。二臣之言初非有异，二君之治乃有不同。盖成王听周公之言而无间，故卒至凫鹥之休；玄宗用宋璟之言而不终，故卒成天宝之祸。是则人君之治，莫不兴于勤而废于逸；人君之勤，鲜克善其始而慎其终。此前代彰灼著明之效，有国者不可以不慎也。

伏愿陛下以成王为法，以玄宗为戒，以臣之言为不欺，慎终如始，不敢逸豫，则祖宗之法有不难守，天下之治有不难保矣。惟陛下留神省览，果如圣谕，则臣之幸也，宗社之福也，天下万世无疆之休也。

臣干冒天威，不胜战栗之至。臣谨对。

嘉靖二十六年（1547）丁未科　状元：李春芳

李春芳

李春芳（公元1510年—公元1584年），字子实，号石麓，南直隶兴化（今江苏兴化）人。李春芳于明世宗嘉靖十年（公元1531年）中举，于嘉靖二十六年（公元1547年）考取状元。

李春芳状元及第后，被授予翰林院修撰，之后，入选西苑为世宗撰写青词，深得明世宗的青睐。此后李春芳步步擢升，嘉靖三十五年（公元1556年），被破格提升为翰林学士，升太常少卿，拜礼部右侍郎，任礼部尚书。嘉靖四十四年（公元1565年），李春芳又兼武英殿大学士，入内阁参与政事，受到内阁首辅徐阶的器重。明穆宗隆庆二年（公元1568年），徐阶致仕归乡后，李春芳接替成为内阁首辅，但由于受高拱、张居正等人排挤，多次上疏辞官，隆庆五年（公元1571年），挽留不得的穆宗准其致仕。

李春芳作为明代中期重臣，因待人温和、论议平正被称为太平宰相。明神宗万历十二年（公元1584年）李春芳逝世，享年75岁，追赠为太师，谥文定。今有《贻安堂集》传世。

取士情况

此次殿试,策问以"道统之传"为题,李春芳的文章一直以迎合、奉承上意为主,这样的方式深受皇帝喜爱,所以将其钦点为状元。殿试后,李春芳与朋友相聚喝酒,有人告诉他殿试揭晓唱名有他的名字,众人纷纷道贺。李春芳则坦然说:"谓拙卷亦与进呈之列耳。"

本科取士301人,状元李春芳,榜眼张春,探花胡正蒙。

殿试策问

皇帝制曰: 朕惟人君受天之命而主天下,任君师治教之责,惟聪明睿智,足以有临。自古迄今,百王相承,继天立极,经世牧人,功德为大,是故道统属之,有不得而辞焉者。唐韩愈氏乃谓尧、舜、禹、汤、文、武、周公、孔子之传,至孟轲而止。孟子则以尧、舜、禹、汤、文王之为君,皋陶、伊尹、莱朱、太公望、散宜生之为臣,各有闻知、见知之殊。其详略同异,果何义欤?其授受之微,有可指欤?宋儒谓周敦颐、程颢兄弟、朱熹四子,为得孔孟不传之绪,而直接夫自古帝王之道统,果若是班欤?其讲求著述之功,果可与行道者并欤?抑门人尊尚师说,递相称谓,而忘其僭欤?汉唐宋而下,虽不能比隆唐虞三代之盛,其间英君谊辟,抚世宰物,德泽加于四海,功烈著诸天地者,不可概少,果尽不可以当大君道统之传欤?

洪惟我太祖高皇帝,体尧舜授受之要,而允执厥中;论人心虚灵之机,而操存弗二。我成祖文皇帝言:"帝王之治,一本于道。"又言:"六经之道明,则天地圣人之心可见,至治之功可成。"斯言也,真有以上继皇王道统之正,下开万世太平之基。迨我列圣克笃前业,所以开天常、叙人纪者,历百八十余年于兹。朕缵绍祖宗鸿绪,登践宝阼,惟敬惟一,叙彝伦,惇典礼，祈天命，拯民穷，思弘化理，以成参赞继立之功者，宵旰孳孳，不遑宁处。兹欲远绍二帝三王大道之统，近法我二祖列圣心学之传，舍是又何所致力而可？

夫自尧、舜、禹、文之后，孔、孟以来，上下千数百年间，道统之传归诸臣下，又尽出于宋儒一时之论。此朕所深疑也。子大夫学先王之道，审于名实之归，宜悉心以对，毋隐毋泛，朕将注览焉。

状元殿试卷

臣对：臣闻帝王之治本于道，道立而后化以之弘；帝王之道本于心，心纯而后道以之会。心也者，统夫道者也。心有弗纯，则存诸中者，无贞纯精一之懿，其于道也为小成。道也者，弘夫治者也。道有弗粹，则发诸外者，无正大光明之业，其于治也为小康。小成不足以语天德，小康不足以语王道。斯岂帝王之所以继天立极者哉？故必本之心也，浑乎天理，而有以裕内圣之基，而后敷之治也。若乎天道，而有以熙外王之业。天德王道，其极一也，然其本则系之学焉而已矣。学以纯心，心以会道，道以出治，治以格天。其在当时也，则帝王之治法以立。其在万世也，则帝王之心法以传。斯其道统之所由肇乎？循之而治，唐虞三代是也；得其似而理，汉唐宋是也。至于有宋诸儒，则亦讲明斯学以翼乎圣道而已矣，乌可以与帝王并欤？

洪惟我太祖高皇帝、成祖文皇帝体天弘道，因心出治，以上继皇王道统之正，下开万世太平之基。而我陛下则又神圣纵于天，光明缉乎学。而治之所由溥，四达不悖，薰蒸透彻，融液周遍。二帝三王道统之传，远绍而无间。祖宗列圣心学之邃，近述而弥光。粹乎无以尚矣。乃犹于万几之暇，进臣等于廷，俯赐清问，且曰：宵旰孳孳，不遑宁处。臣有以仰窥陛下望道未见之心矣。臣草茅疵贱，何所知识，可以仰神圣学之万一乎？虽然，涵濡圣化，盖亦有年，其于我圣祖治道之盛，及我陛下心学之精，亦尝佩服涵泳有以少窥其涯涘矣，敢不敬陈以对扬休命乎？

臣尝闻之："天地未判，道在天地。"天地既判，道在圣人。是圣人者，道之宗也。又尝闻诸《书》曰："惟天地，万物父母；惟人，万物之灵。亶聪明作元后，元后作民父母。"是元后者，人之主也。然则道在天下，安得不属之圣人，又安得不属之大君也哉？是故三代而上，位称其德，达而在上者，莫匪圣神，而道统之传，有自来矣。请因圣问而条陈之。

唐虞以往，书契未立，邈哉无以稽矣。故韩愈、孟轲之所称，率自尧舜而始。愈谓尧以是传之舜，舜以是传之禹，禹以是传之汤，汤以是传之文、武、周公、孔子。是立功、立言虽异，以言乎道统则均也。轲谓由尧舜至于汤，五百有余岁。若禹、皋陶则见而知之，若汤则闻而知之。由汤至于文王，五百有余岁，若伊尹、莱朱则见而知之，若文王则闻而知之。由文王至于孔子，五百有余岁，若太公望、散宜生则见而知之，若孔子则闻而知之。是见知、闻知虽殊，以言乎道统则一也。

然观孔子有志三代之英，而自伤其未逮。伊尹乐尧舜之道于畎亩，而必以吾身亲见为幸，则托之空言者，岂若见之行事哉！此二帝三王之道，所以为独盛，而道统之传，非帝王莫之能当也。何也？夫所谓道者，非徒以其蕴之心也，以其本之心而宣之化也。是故以之经天，则阴阳宣节，天道其清乎？以之纬地，则山川静翕，地道其宁乎？以之总民物之纪，则百姓太和，万类咸若，民物其熙乎？道猷章而道妙流焉，实政义而实心昭焉。体用一源者也，微帝王其孰能与于此哉？然求其要，则心焉尽之矣；究其功，则学焉尽之矣。何也？非道无以弘天下之治，非心无以会天下之道。而学也者，所以纯心以体道，凝道以出治者也。大哉，学乎！斯固帝王所不可忽者乎？

是故格于上下，尧舜之道盛矣。然求其所以为学者，则曰钦明允恭；其所以事其心者，何如其至也。重华协帝，舜之道盛矣。然求其所以为学者，则曰濬哲温恭，其所以事其心者，何如其至也。三代有道之长，禹、汤、文、武之道亦云盛矣。然求其所以为学者，则曰勤俭，曰执中，曰缉熙执兢；其所以事其心者，何如其至也？则夫治之所成，黎民于变也，四方风动也，文命诞敷也，万邦惟怀也，燕及皇天，会朝清明也。唐虞三代之化，巍乎其不可及者，谓不本于此哉！德至此而后谓之天德，道至此而后谓之王道。若夫皋陶、伊尹诸臣赞翊之功，固不可泯。而其宅中图大，以恢弘化理，建中建极，以丕昭道猷者，岂诸臣所得而专之哉！故《易》曰："地道也，妻道也，臣道也。地道无成，而代有终也。"此之谓也。

　　三代而降，享国长久者，莫如汉唐宋。其间英君谊辟，抚世宰物，德泽加于四海，功烈著诸天地者，亦不可少，诚有如圣制所云者。是故汉之除秦苛也，深得吊民之理，以至七制嗣兴，风俗淳美矣。唐之靖隋乱也，汛收底定之功，以至三宗迭出，海宇乂安矣。宋振五季之衰也，爱养民力，出生灵于涂炭之苦，而好文守成之主，又绳绳相继焉，不可谓其尽畔于道也。向使尽畔于道，则不足以总一四海，整齐万民矣，又安能历数百年而巍然民上，以握神器乎？后之尚论犹不能无憾焉者，以其学之未纯焉耳。学苟未纯，则蕴之心者，不足以语帝王精一之传；敷之治者，不足以语雍熙太和之盛。斯岂天德王道之极哉！

　　夫惟道化衰于上，而后讲学倡于下，此宋之四子所由兴也。以周敦颐言之，学以主静为宗，以一为要，而究其极于明通公溥，不由师传默契道体者也。以程颢兄弟言之，涵养则曰用敬，进学则曰致知，而又欲以大公顺应，觉天地之常，宽和严毅，殊途同归者也。以朱熹言之，以讲学为入门，以践履为实地，博极群书而会通于心，集诸儒之大成者也。此四子之学之大较也。是其学固亦远宗乎周、孔，而授之以政，则亦伊傅之俦耳。夫即为伊傅也，犹不可与帝王并，况无伊傅之业乎？何也？道在天下，惟帝王为能行。故道统在天下，惟帝王为能传，而臣之贤者能者，则效用仰承于下者也。辄欲接续帝王道统之传，不亦僭乎？故四子者，谓之有功于斯道，可也；以之直接帝王之道统，不可也。何也？不观之天乎，方万物之生也，日以暄之，雨以润之，风以鼓之，雷以动之。夫天穆然深尔，确然静尔，然颂生物之功者，必举而归之于天，而日雨风雷，不得而有其功。何也？太和之充溢，天实司之，而日雨风雷效其动而已矣，可与天道并乎？知日雨风雷不可与天道并，则知臣不可与君道并矣。知臣不可与君道并，则知四子者不可与帝王并矣。而后之推尊者若黄榦，则叙尧、舜、禹、汤、文、武、周公、孔、孟，而直以周子继孔、孟不传之绪。二程得统于周子先师，朱子得统于二程，而撮其要旨于居敬、穷理、致知、克己四者，而谓千圣万贤，所以传道而教人者，不越于此。至于真德秀则曰："孔孟之道，至周子而复明；周子之道，至二程而益明；二程之道，至朱子而大明。"吴澄则曰："周子始有以接孟子之传于千载之下，二程则师于周子，而传其学，后又有朱子集周、程之大成，是皆得夫道统之传者也。"夫德秀以为道至周、程、朱子而大明，则诚有之。若黄榦、吴澄，遂以四子为直接皇王道统之传于千载之下，递相称述，其论蔓衍波流，直至于今，学者尊之而莫敢违，信之而莫或疑，抑孰知其失之过乎？故四子讲明著述之功，不可谓其无裨于道，而直以为远续道统之传，与帝王并论焉，是诚门人推尊之过，恐亦非四子之心也。

是故由唐虞而三代，由三代而汉唐宋，其帝王道统之传，端不可诬。若秦之于汉，六朝之于唐，五代之于宋，则皆帝王之驱除，乌足以与斯道哉！至于胡元，则又我国朝之驱除，若汉之秦，唐之六朝，宋之五代也。道统之在天下，不其沦胥以没乎？幸而皇天厌乱，我太祖高皇帝挺生淮甸，廓清海宇。我成祖文皇帝笃生于后，丕绍鸿休，其治化之隆，真有以远追唐虞三代之盛，而超轶汉唐宋之上矣。然其所以致治者，则莫非本于道；其所以体道者，则莫非本于心。其所以存心以体道，体道以出治者，则又孰非学以基之也哉！圣制所谓：太祖高皇帝体尧舜授受之要，而允执厥中，论人心虚灵之机，而操存勿二。我成祖文皇帝言帝王之治，一本于道，又言六经之道明，则天地之心可见，至治之功可成。帝王相传之要，端在是也。然臣尝求我二祖圣学之精，则《存心》一录，与夫《圣学心法》，尤其至要者欤？《存心录》凡历代帝王祭祀，有感于灾祥者，备载以垂训，而于敬天之怒，无敢戏豫者，尤致意焉。《圣学心法》凡有关于君臣父子之道者，详述以迪后，而于敬天法祖，用人理财者，尤申重焉。则我二祖之所以为学者，具见于二书。而精纯贞一，心即二帝三王之心；太和咸熙，治即二帝三王之治。天德王道，巍然焕然，又奚惑哉！此列圣之所以克笃前业，开天常、叙人纪，历百八十余年，而皇图巩固者，信皆有于是也。

恭惟陛下，以聪明圣智之资，懋精一执中之学。心之所裕者，与天地合其德；治之所成者，与皇王匹其休。肆今大化流衍，百姓太和，德浃于中夏，威行于蛮貊，至治馨香，达于上下，而休征毕集，千古所未有也。臣何幸躬逢其盛哉！臣尝窃窥陛下之所以臻此者，信本于学。而学之精实典要，则又莫过于《敬一》之一箴，而彝伦之叙，典礼之敦，所由出也。臣请得而扬言之。

其曰："人有此心，万理咸备，体而行之，惟德是据。"盖言道本于心也。其曰："匪一弗纯，匪敬弗聚，畏天勤民，弗遑宁处。"盖言学以体道也。其曰："敬怠纯驳，应验顿殊，征诸天人，如鼓答桴。"盖言治以征学也。其曰："郊则恭诚，庙严孝趋，肃于明廷，慎于闲居。"反躬以实践也。其曰："天亲民怀，永延厥庆，光前垂后，绵衍蕃盛。"考祥以视履也。语其目则析之，极其精而不乱。究其旨则合之，尽其大而无余。斯其学即二帝三王之学，心即二帝三王之心。而至治之成，近有光于二祖列圣之传，远以跻乎唐虞三代之盛。夫固体信而达顺，合一而不测者也。存之为天德，而日新之，盛德以裕；达之为王道，而富有之，大业以昌。帝王之道统，谓不在兹乎？

臣欲拟议其盛，而且未易以名言矣，复何所称述以为圣学之裨乎？然臣闻之，《书》曰："慎厥终，惟其始。"《易》曰："日月得天而能久照，四时变化而能久成。圣人久于其道而天下化成。"我陛下之自箴也，亦曰终如其始，又曰日新不已。故学必缉熙而后底于纯，治必永贞而后底于化。陛下之学亦既纯矣，天下之化亦既洽矣。然端拱穆清之上，一日二日事有万几，有一之弗得其宜，非纯也。此敕天之命，惟几惟康，尧舜所为兢兢也。四海九州之远，刚柔异性，轻重异宜，有一之弗得其所，非洽也。此一夫不获时予之辜，尧舜所为拳拳也。学之纯者不使其或间，化之洽者不使其或漓，夫然后常敬常一，而道久化成。其在兹矣，非我陛下所当致力者乎？其要则在求之心而已矣。

太祖高皇帝尝谕辅臣曰："防闲此身，使不妄动，自谓已能。若防闲此心，使不妄动，尚难能也。"成祖文皇帝尝谕解缙曰："心能静虚，事来则应，事去如明镜止水，自然纯是天理。"是二祖之学，诚不外于心而得之也。臣愿陛下，毅然以道自任，上法乎二祖，反求诸一心。养之于念虑未萌之先，以存其寂然不动之体；察之于几务既兴之际，以妙其感而遂通之用。俾其湛而虚也，神而明也，与太虚同其空洞焉，日月同其照临焉，四时同其运行焉，万物同其冲和焉。则一心既正，万化以行。敬不期敬，而自尔其常敬；一不期一，而自尔其常一。天德益以立，王道益以溥矣。帝王道统之传，不其益光也哉！至于用人必当，而皋、夔、稷、契之在列；行政必允，而礼、乐、刑、政之覃敷。则又此心之妙用，而我陛下之余事也。何敢以渎圣听哉！

陛下倘能鉴臣之愚，而于所谓敬一者，贞之于久而会之于心，则道统之传，亘古今而独盛矣。斯文幸甚，宗社幸甚！臣何任祈吁陨越之至。臣谨对。

隆庆二年（1568）戊辰科　状元：罗万化

罗万化

罗万化（公元1536年—公元1595年），字一甫，号康洲，上虞东关（今浙江绍兴）人。明世宗嘉靖四十三年（公元1564年）乡试中举，随后于明穆宗隆庆二年（公元1568年）考取状元。

罗万化状元及第后，被授予翰林院修撰，并参与编撰《世宗实录》。完成后，升为侍读，主修《大明会典》。当时，身为首辅的张居正十分看重罗万化，想将其招到自己门下，然而罗万化不肯依附。后来罗万化多次与张居正发生冲突，所以官职多年不得升迁。直到万历十年（公元1582年），张居正去世后，情况才得到改变，历任国子监祭酒、南京礼部侍郎、南京吏部侍郎、礼部尚书等职。

万历二十年（公元1592年）内阁首辅王锡爵将辞官，朝廷推举新的阁臣，罗万化本在预选之中，但他不愿意打点司礼监，结果落选。

罗万化厌倦了几十年官场生活的尔虞我诈，多次上书返乡。万历二十二年（公元1594年），他终于离开官场，却还是因病死在了归乡途中，享年59岁。后追赠太子太保，谥文懿。

取士情况

此次殿试状元、榜眼、探花都是朝中重臣,这种情况在其他年间是极为少见的。这一年的策问以"安攘之策"为题,当时明穆宗即位不久,正想轰轰烈烈地大干一场。明穆宗当时整顿时弊,采取驱逐方士、重视农兵、嘉奖进言献策等政策,政局一时清朗起来。罗万化的对策刚好与他所想相符,故成为此年状元。

本科取士403人,状元罗万化,榜眼黄凤翔,探花赵志皋。

殿试策问

皇帝制曰:朕惟君天下者,兴化致理,政固多端。然务本重农,治兵修备,乃其大者。《书》言:"先知稼穑之艰难,乃逸。"又曰:"其克诘尔戎兵,以陟禹之迹。"夫成王初亲大政,而周公即惓惓以此告之,其意深矣。

朕仰荷天眷,获嗣丕基,自惟寡昧,未烛于理。尝恭诵我太祖高皇帝《藉田谕》,成祖文皇帝《务本训》,乃知王业所由兴,民生之不易。及观祖训所载居安忘备之戒,又日兢兢焉。兹躬率臣民耕藉于南郊,又屡敕边吏慎固疆圉,博求制虏长策,亦欲庶几乎知艰诘戎,以觐扬我二祖之光烈。顾彝典虽举而实政未孚,督策虽勤而武备犹弛。四方浮惰者众,未尽归农也。何以使人皆力本而不失业欤?自屯盐之法坏,而商贾俱困,边储告乏。今欲举之,其遗法尚可复欤?丑虏匪茹,警报岁闻,何以创之,使不敢复窥欤?议者或言宜战,或言宜守,或欲罢调兵,或欲练士卒,计将安所决欤?朕日夜图虑,安攘之策,莫急于斯。而行之靡效,其故何欤?抑其机要所在,未克振举,故人罕实用,功难责成欤?

尔诸士习于当世之务久矣,其仰绎我皇祖垂训贻谋之意,有可以便民益国者,明以告朕,将采而行之焉。

状元殿试卷

臣对：臣闻人君之治天下也，必安攘兼举，而后可以成天下之至治；必明断并行，而后可以收天下之实功。何也？君犹天也，凡内而中国外而四夷，皆覆冒于天，而为君所统驭者也。惟天好生，而覆帱之用并育而不害；惟君法天，而安攘之绩兼举而不遗。故务本重农以厚民之生，而于以成顺治之休；治兵修备以固国之防，而于以达威严之化。是二者，诚有国者之先务，而不可以偏废，不可以缓图者也。然非明以烛之于先，而断以行之于后，则虽外慕乎安内之名，而实效罔臻。虽从事于攘外之文，而成功罔奏。其何以合内外之治，而用舒夫宵旰之忧也哉？故必君以实心主之，而委任以责成者，恒出之以英明果断之勇；臣以实心效之，而分猷以宣力者，每竭之以左右赞相之诚。然后君臣道合而百度贞，上下志同而万化广。中国可安，四夷可攘。内可顺治，外可威严。而久安长治之功将致之而无难矣。

钦惟皇帝陛下，以圣神之德，膺历数之归，至诚飨帝，恭己临民。天下臣庶，孰不翘首而观，拭目而望，以冀沾维新之化。而陛下方且望道未见，求治愈殷，乃特进臣等于廷，俯赐清问，惓惓乎安内攘外之策。顾臣愚陋，曷足以知当世之务。虽然，陛下此举盖将采而行之，非虚循故事已也。苏轼有言：君以名求之，臣以实应之。矧今陛下以实求之，臣敢不披沥以对扬万一耶？

臣窃闻之《书》曰："天降下民，作之君，作之师，惟其克相上帝，宠绥四方。"则知天之生民，所以左右而曲成之者，其责恒寄之君；而君之主民，所以生养而安全之者，其道实法乎天。此人君所以与昊天同一道也。夫惟人君有同天之道，则凡历象日月以经天之时，体国经野以相地之宜，立纲陈纪以定民之极，爱养樽节以尽物之材。皆所以兴化而致理也，皆人君所以法天之政也。然语其政之大者，则惟曰务本以重农，治兵以修备二者而已。何也？盖国以民为本，而农者民之命也，兵者又民之卫也。农有不重则衣食无所自生，而啼饥号寒之民，且将有转死于沟壑者矣。君固代天以任养民之责者也，而乃使民无以为生，可乎？兵有不治则备御无所由固，而寇贼奸宄之发，且将有骈首于锋镝者矣。君固代天以当安民之责者也，而乃使民失其所卫，可乎？是故成王初亲大政，正天心陟降之际，人心观仰之时也，而周公所以拳拳于告戒者，一则曰知稼穑之艰难，乃逸。一则曰其克诘尔戎兵，以陟禹之迹。是岂无深意而漫为是言者哉？盖以知稼穑之艰难，则农事修而民食有资，人君养民之责尽于此矣。知戎兵之当诘，则武备饬而民生有卫，人君安民之责尽于此矣。夫人君而诚使民之得养也，民之获安也，尚何化之不可兴，而理之不可致哉！故稼穑成功，而永清之治于前而有光；守在四夷，而重译之朝愈远而不替。此古今之称善治者必曰成周，而诵周公之功者，亦至今不衰也。

洪惟我太祖高皇帝，藉田有谕曰："欲财用之不竭，国家之常裕，鬼神之常享，其必由农乎？"大哉王言，谆谆乎重农之意也！成祖文皇帝务本有训，首举太祖创业之难，次及往古圣贤之君，昏乱之主，以昭鉴戒。訏哉圣谟，切切乎垂裕之心也。而又作《祖训》一书，兢兢乎选将练兵之图，居安忘备之忧，则当时所以重民之命，严民之卫者，盖周至而曲尽矣。故民皆乐业，而太和之治允洽；夷皆贡琛，而来王之化益昭。内固无不顺治，而外亦无不威严。所以上追成周之盛，而启我国家亿万年无疆之休者，端不在于此哉！

惟我皇上临御以来，躬率臣民耕藉田于南郊，则一念重农之意已切至而不虚。而又屡敕边吏，慎固封圉，博求制虏之长策，则一念防患之心已诚笃而匪懈。其于二祖之所以垂训，已身体而实践之矣。宜农事修而民无不遂之养，武功振而国无不安之民也。乃今彝典虽举，而实政未孚。啼饥号寒之民，不惟见于穷陬僻壤之所，而通都大郡亦或有不免焉。督责虽勤，而武备犹弛。寇贼奸宄之发，不惟见于穷边荒服之外，而弄兵赤子亦尚有未靖焉。则所以廑我皇上宵旰之忧，而不遑豫逸者，民有以哉！

臣尝反覆思之，而得其故矣。试以农言之。方今四方之游惰者多，归农者鲜，此生之所以不众，而用之所以不舒也。今皇上诚欲驱天下之民而皆力于本，其道无他，惟贵谷粟而已矣。盖谷者，民之所资以为生也。民终日不食则饥馁随之，乃今挟末技而轻去其田里者，岂民之皆不乐生哉？谷贱故耳！我国家于常赋之外，罪有折赎，盐有飞挽。初非不贵谷也，嗣以国用不经而见小以忘大，于是有折色之兑，有解银之额，而稌人之用日渐轻矣，又何怪其逐末而忘本也？故臣愿贵五谷，贱金玉，而晓然使知百谷之重，如晁错之所奏焉。则激劝化导之下，岂无力本之农矣乎？如是而谓民之有失业者，未之有也。

若夫屯政之修，盐法之理，又厚农通商之最大者，独不可讲而行之乎？臣以为法久而弊者，势也；遇变而通者，权也。故屯种之田干没于豪右，而番休之卒服役于权门，屯政之废久矣。然不曰湖山斥卤之可垦辟乎？奸豪欺隐之可没入乎？游手游食之人之可驱率乎？昔韩重黎之田振武，郭子仪之耕河中，彼岂夺诸其民者与？不过假不耕之地，而收无穷之税耳。今宜早为之制，田之见存者，履亩而正界，兵之服农者，间岁而代耕，而又时申召募之令，各与以可耕之田。则经界定而侵并之奸不肆，屯聚众而树艺之功可成。昔人谓其宽民力之最大者，正谓此也。

工本之钞既难于补给，而守支之商又困于折兑，盐法之坏久矣。然不曰钱钞之用有当均者乎？输纳之粟有当复者乎？私挟私贩之令有当严者乎？昔管仲之煮山海，刘晏之榦淮盐，彼岂掊诸其民者与？不过总其权于上，而布其利于下耳。今宜定为之制，重钞法以收买余盐，而使灶有所偿，轻中纳以广招商人，而俾盐无所滞。则灶得实利而法禁可施，商有余赀而正课自溢。昔人谓其飞挽之最速者，正谓此也。

不然，则清查愈密而屯政愈不修，法禁愈严而盐法愈不理。辟之医者，不治其本而唯治其标，亦终必死而已矣。欲农商之两利也，胡可得哉！

以兵言之，方今边疆之地，丑虏匪茹，警报岁闻，此备之所以不严，而武之所以未振也。今皇上诚欲奋天下之武，而克壮其猷，其道无他，唯重将帅而已矣。盖将者，兵之所恃以为主也。兵一日无将，则丧乱从之。

乃今食廪饩而轻离其卒伍者，岂兵之皆不卫主哉？将轻故耳！我国家于沿边之地，分据以参将，专制以总兵，初非不重将也。后以承平久而重文以轻武，于是有巡抚以辖之，有总督以统之，而文法之拘日加审矣，果安责其应敌而致胜也。故臣愿重其权，专其任，而屹然使当一面之寄，如赵充国之所行焉。则委任责成之际，岂无敌忾之勇矣乎？如是而谓虏之有窃发者，未之有也。

若夫战守之策，调练之宜，又安边保邦之最急者，独不可议而行之乎？臣以为一劳者永逸之基也，暂费者久宁之道也。夫今之虏非昔之虏矣，飙举乌集，众寡之势既殊，而狼奔豕突，险阻之地难凭，此当事者所以苦于战守之难也。然臣窃计之，举匈奴之众，曾未足以当中国之半，而卒未有能一创惩之者，其故何欤？无乃先发之谋未定，而积弱之气有未振乎？兵法曰：宁我制人，毋人制我。此劳逸主客之几也。故昔高宗之伐鬼方也，不惮于三年之久；而孔明之保全蜀也，不辞夫六出之频。彼岂好为是穷兵哉？诚以不创之于前，则后之凭陵者当未艾，而不制之于我，则彼之窥伺者日未息耳。今丑虏之猖炽既如此，而犹因循委靡，不思所以振作奋励之术，则何以成中兴之治，而保边境于无虞也哉！故臣即今之势以权战守之策，必也其先决战乎？盖必以战为守，庶可以折方张之虏，而奠不拔之基也。

今之兵又非昔之兵矣，锐气消沮，怯懦既已成风，而劳费不赀，司农又复告匮，此当事者所以病于调练之难也。然臣窃思之，即燕赵之士，固素称多慷慨之材，而卒未有能一饬练之者，其故何欤？无乃屯盐之政不举，而给饷之期有不时乎？兵法曰："千里馈粮，士有饥色。"此饱馁勇怯之势也。故昔孔明之讨汉贼，莫急于五丈之屯，而唐宗之夷大难，悉仰于江淮之赋。彼岂徒为是扰民哉？诚以未战而不足其食，则不可以得其心。将战而不得其心，则不可以用其命耳。今边兵之柔脆既如此，而犹苟且支吾，不思所以长虑却顾之道，则何以振维扬之武，而致殷邦之嘉靖也哉！故臣即今之时以究调练之宜，必也其先理财乎？盖必财以为养，庶可以作有勇之气，而底于襄之绩也已。

不然，则闻敌而破胆者，既不能战也，而何足与言守？枵腹以待哺者，既不能养也，而何可以加练？譬之养身者有七年之病，而不蓄三年之艾，亦终无得而已矣。欲中外之宁谧也，胡可得哉！

虽然，天下之事非知之难，而行之难；人君之道非求言之贵，而用言之贵。故知而弗行犹弗知也，求而弗用犹弗求也。

臣伏读圣制有曰：朕日夜图谋，安攘之策，莫急于斯。而行之靡效，其故何欤？臣以为陛下特未实之行，而臣下亦未能实奉承之耳。果曰行之而靡效，则彼成王所以致四十年之太平，我二祖所以垂二百年之善治者，果虚语也？而抑别有要机之执，以为振举之术也哉？臣以为听言贵广也，而察之尤不可以不明；察言贵明也，而行之尤不可以不断。伏观皇祖之训有曰：内外大小官员，其言当理，即付所司施行，诸衙门毋得阻滞。是言也，其兼明与断而出之者矣。故臣愿陛下奋精明之气，大明作之功。谷所以当贵也，则断然以贵之，而不狃于近利之私；将所以当重也，则断然以重之，而不惑于一偏之见。屯田、盐法，以次而举；战守、调练，相机而行。其始也，简众贤以使之，而不贤者弗庸。其既也，分众职以任之，而不职者必黜。贤否欲明以辨，昭然如日月之行于天，而光不可掩也；赏罚欲必以信，轰然如雷霆之鼓于天，而威不可测也。然后君宰其权，臣能其事，上作其气，下效其能。守令司民牧者，诚知重农而劳心于抚字，则国无不辟之野，而野无不耕之民者，可几也。而何游民不归农之患哉？将帅司兵柄者，诚知奋武而尽力于封疆，则士无不振之气，而国无不伸之威者，可几也。而何夷狄不率服之患哉？盖惟明克允惟断有成者，既并用而不偏，故内安中国外攘四夷者，斯兼举而不遗，周成王之治固不得专美于前，而我祖宗之业之盛又将廓大而增光之矣。此非要机之所在，而所当振举者哉！

抑臣又有献焉。心也者，万化之原，而明与断所从出者也。使其心纯乎天理之公，而绝无人欲之私，明断固浑然而在。苟一以私蔽之，则明有时而昏；一以欲累之，则断有时而失。其何以主宰化机，而役使群动哉！宋儒范氏曰：君心唯在所养。故臣愿陛下存养省察以体其心，精知力行以强其心，广询博采以大其心，亲贤远佞以纯其心。一念之萌则曰："我其忘稼穑之艰矣乎？"一虑之兴则曰："我其忘戎兵之诘矣乎？"然后心无不存，而可以全明断之德，可以保安攘之功。此臣之愚忠惓惓而不已也。伏惟陛下少垂察焉，则臣愚幸甚，天下幸甚。臣草茅下士，不识忌讳，干冒天威，不胜战栗之至。臣谨对。

顺治十六年（1659）己亥科　状元：徐元文

徐元文

徐元文（公元1634年—公元1691年），字公肃，号立斋，江南昆山（今江苏昆山）人。他与其兄、其弟三人先后中了一甲，世称"三徐"。徐元文自幼便沉潜好学，曾冒姓陆，于清世祖顺治十一年（公元1654年）在乡试中中举，于顺治十六年（公元1659年）在殿试中取得魁首，那时他年仅25岁。顺治皇帝在乾清门召见他后，说"今岁得一佳状元"，由此可见顺治皇帝对他的认可。

徐元文状元及第后，被授予翰林院修撰，恢复本姓徐。他曾多次被顺治皇帝召见，甚至被赏赐乘坐御马。清初以来，江南地区拖欠钱粮的现象十分严重。康熙初年，朝廷查办后发现超过13000名文武官员未交齐钱粮，徐元文也位列其中。为此他告假回家，历时四年，查清事情原委，还自己清白后恢复原职。清世祖康熙八年（公元1669年），徐元文任陕西乡试正考官，迁秘书院侍读。康熙九年（公元1670年），任国子监祭酒，经筵讲官。康熙十三年（公元1674年），升内阁学士兼礼部侍郎，重修《太宗实录》。次年二月，改为翰林院掌院学士。康熙十五年（公元1676年），返乡服丧。

康熙十八年（公元1679年），徐元文重回官场，直至康熙二十九年（公元1690年）才辞官回籍，在家中一年就逝世了。

取士情况

此次殿试，策问以"吏治和祥刑励俗之道"为题。徐元文的对策认为，吏治之要在于崇国体、励众志、核名实、端好恶；至于"祥刑励俗"，则"诚莫如以教化之事委之亲民之官"。徐元文对策内容充实，是一篇较好的应试之作，深得皇帝赞赏，故被钦点为状元。

本科取士376人，状元徐元文，榜眼华亦祥，探花叶方蔼。

殿试策问

奉天承运，皇帝制曰： 自古帝王平治天下，必政教修明，然后海宇宁谧。顾宣猷熙绩，端藉臣邻，故以庶政分任庶官，俾六府孔修，百工时叙，郅隆之理，朕甚慕焉。

朕承天眷命，抚御万方，十有六年于兹，所期共勤政治者，内则责之六卿，外则责之督抚，简任既慎，倚毗殊殷。乃近见内外诸臣，或怀私自便，或持己乖方，或推诿以即安，或迂疏而寡效，以致庶务未修，民生未遂。语云："大臣不法，则小臣不廉。"兹欲使正己率属，实心任事，何道而可？至于守令各官，亲民最切，抚字催科，皆有专责，何以兼尽无扰，克称循良？

教化为朝廷首务，刑法乃民命攸关，朕加惠兹民，念深怀保，欲端风俗，则广励之事何先？欲致祥刑，则明允之道奚若？

尔诸士经术夙娴，思展蕴抱久矣。行将用尔于朝，分职任政。其各抒所学，著之于篇，毋拘毋袭，直言无隐，朕将亲览焉。

状元殿试卷

臣对：臣闻帝王之统一万方，以广治化于无穷也。有临御天下之大权，而后庶司百职胥受命于立纲陈纪之中。有容保天下之大德，而后兆民万物咸受成于敛福时锡之内。立纲陈纪者，天子所以敷政也，美政敷，故元首喜而股肱起，凡下之承流而宣化者，莫不奉一人之治以为治，天下翕然致平康之绩，而不识经纬之何从。敛时锡福者，天子所以通志也，睿志通，故朝廷正而草野宁，凡下之化民而成俗者，莫不体一人之心以为心，天下秩然奏雍睦之休，而不识张弛之何自。故正百官之本，在于正身，人代天工，每奏效于钦明玄德之内。世未有外深宫而遽求臣邻之寅亮者也。正万民之本在于百官，累洽重熙，端有资于翼为明听之职。未有舍策□而遽求庶土之干宁者也。欲致令共之治，在厉所以治之之方，欲广教化之施，在慎所以施之之本，唐虞三代无难再见也。

钦惟皇帝陛下，文德□远，孝思格天。大一统以普皇慈，交趾越裳，沛青阳之膏泽；陈九功以扬光烈，礼明乐备，奏玄穆于宫廷。生知不废谘诹，履尧仁而日跻巍焕；无言勿忘儆戒，廓禹服而时堇痌瘝。讨论《孝经》《大学》诸书，以主敬为化成之本；斟酌惠农养兵之制，以安人为猷远之图。固已懋建皇极，以作则臣工、平章百姓矣。而犹进臣等于廷，谘以大法小廉之治，祥刑励俗之端，此诚盛古明目达聪之至意，而畴咨访落之盛心也！臣虽愚下，敢不竭千虑之一得，以仰答清问于万一乎！

臣窃维天下之事不可以无所统，亦不可以无所分。惟统之自上，故劳于求贤而逸于得人；惟分之自下，故必有治人而即有治法。然则协和于变之所由成，不重系乎廉官哉！

伏读制策有曰：内则六卿，外则督抚，简任既慎，倚毗殊殷。固皇上化成天下之本矣，而尚以庶务未修民生未遂，厪宵旰之勤思，此诚尧舜之心与天地同并覆载者也。臣以为欲使大臣法而小臣廉，则固有要焉。夫所谓要者，崇国体也，上有其美，不必有其事，事在下也。下有其事，不敢有其美，美在上也。若不稽百司之职，不考太府之宪，使人受成法于上，则人臣甚逸，人主甚劳，而倦勤或以明作而开废弛之渐。目弛而纲不独举，帝近而堂不独高。何若使人各守其官，官各守其法，国体已崇，而怀私自便者无之也。夫所谓要者，励众志也，骤期其功，则谟谋无所效。故绳以法，则才智无所施，若非宽其督责而徐致其劝惩，使人保宠禄于下，未事化而为静听，当事化而为调停，不当事化而为旁观，则何若宽天下之智，勇策功名，尽天下之心，思赞谟略。众志既励，而持己乖方者无之也。夫所谓要者，核名实也，然必下有可核之实，而后上得行其核之之权。若下未有定品，而上先有成心，使贤者不得不隐其贤之迹，不肖者乃益生其不肖之心，真否益淆，形影益诡，则何若正国是于一定，付廷议于至公。名实既核，而推委且作担当也。夫所谓要者，端好恶也。好恶之所尚，不在震天下以不可窥，而在予天下以不忍窥。若轻用其喜怒赏罚，而天下有窥朝廷，使天下之人或始以饰其小信，而继以成其大欺，则何若让聪明谨意向。好恶既端，而迂疏亦收实用也。内臣外臣，固为一体，大臣小臣，亦无异宜，惟至公至明，以善守其要而已。皇上睿哲天授，以至明行其至公，慎择辅相九卿，以倡百寮庶司，而又益以朋比缘饰之务绝，实心实政之务兴，其谁不劝典以勤至治者哉！虽然察近臣易，而察远臣难，此尤皇上所宜加之意者也。夫郡守县令，与百姓至亲矣，而监临督责之者甚众。即监临督责之者未必尽刻绳以私，而学术智略不能皆同，此之所是，彼之所非。一官之身，甚至贤否判绝。□方尽职者，或不能蒙显荣，而柔顺诡随者或反得上达，往往有之。汉任延有曰："忠臣不私，私臣不忠。"善事上官，无失名誉,忠臣之所不敢出也。伏愿皇上固知守令之难,勤加厘访,有以慰劳而周恤之,使各勉其职,无侵扰掣肘之患,久于其任,勿使施为未有次第,旋见迁代。其治绩殊绝者,宜如汉世增秩赐金之例,下邑小吏得舒展所长,则吏治之成效可期也。

  至如制策所云:欲端风俗欲致祥刑,则臣以为化民成俗之事,于亲民者有专责焉。何也?天下至大,兆民至众,非能人见天子,而群著于善也,莫不视亲民之官以为贤不肖。古者亲民之官,其德行道谊皆足以为人师表,发施号令,无非教也,劳来循行,无非教也。故董仲舒曰:郡守县令,民之师帅。明乎师帅之任,所以教民之礼义,敦品节,急事功,非但使之理簿书、征财赋、治刑狱而已。今则专以财赋责守令者,方亟亟焉催科不暇给,未尝以教化为大务。虽学臣寓旌别于庠序,有司举饮射于乡里,文具而已。求所谓教之以正、树之风声者,其道无由,安望民俗之丕变乎。诚莫如以教化之事委之亲民之官,而以学校之臣兼统之,颁五礼之书,饬三纲之义,仿周家党正比长之法,建立乡学,聘礼贤者教育民间子弟。亲民之官勤以自治,勤以治人,进郡县百官,宣谕皇上以德导民至意,俾晓然知王政之所先,而各自爱其身。于是时进乡学之长,考其得失,明示劝威,韩延寿之驯悍俗,仇览之感悖民,岂异人任哉?夫然后仁渐义摩,民众著于尊亲,而又为之明罚敕法以正之,明慎庶政以莅之,畏罪之心,即为乐善之心,虽有桁杨桎梏,将无所施,刑不期措而自措,狱不期慎而自慎。荡荡平平,遵王之路,何风俗之不归于淳古乎!

  抑臣更有进焉,群臣代君出治,大君择人共治,总以正己率物为归,是在皇上体用人惟己,取人以身之意,而精明强固以处之耳。

  臣草茅新进,罔识忌讳,干冒宸严,不胜战栗陨越之至。臣谨对。

顺治十八年（1661）辛丑科　状元：马世俊

马世俊

马世俊（公元1609年—公元1666年），字章民，江南溧阳（今江苏溧阳）人。最初并未在殿试中取得好的成绩，他选择留在京城，以写字售画为生，反而名满京华。

顺治十八年（公元1661年），马世俊得到尚书龚鼎孳的资助，再次参加科举考试，终于一举夺魁。马世俊的状元对策，流传甚广，清代学者、书法家何焯曾称赞："我朝大魁，前刘（刘子壮）后韩（韩菼），世俊居其间，鼎足而三。"

马世俊状元及第后，被授予翰林院修撰，历官至侍读。著有《十三经汇解》《李杜诗汇注》，杂剧《古其风流人眼》《齐人记》等，以及诗文集《匡庵诗文集》。

取士情况

此次殿试于当年四月在太和殿举行，该年正月顺治帝已经去世，仅

8岁的康熙皇帝刚刚即位,朝政大权落在鳌拜等人手中,当时满汉关系紧张,不利于国家安定。马世俊在对策中直击要害,针砭时弊,提出"王者天下为家,不宜示同异",并从人才、吏治、止贪、靖俗等方面提出治理方针,具有真知灼见,因此被钦点为状元。

本科取士383人,状元马世俊,榜眼李仙根,探花吴光。

殿试策问

奉天承运,皇帝制曰: 朕惟帝王平治天下,开创守成,其道并隆。缔造维艰,缵承匪易。必政治修明,群黎安遂。文德覃敷远迩,武功克奏敉宁,乃可祗绍先猷,茂登上理。朕以冲龄,诞膺丕绪,仰惟太祖太宗肇开大业,逮我世祖式廓鸿图,亦既治定功成,显垂谟烈矣。朕兹欲绍述祖宗,必如何而后可以乂安海宇欤?

继治之道,首重典章。今纪纲法度虽已彰明,然因革损益岂无顺时制宜者,何以酌定章程,以为万世之规欤?

闾阎愉悴,视吏治污隆,何以示之激扬,以奠民生欤?风俗淳漓由人心邪正,何以使之朴诚,以敦教化欤?

至于底定四方,赖师武臣力,然必赏明罚当,而后可以鼓励勋庸。凡行间功罪,宜如何清叙,以昭劝惩欤?

尔多士蕴怀有素,各抒所学,毋泛毋隐,详著于篇,用裨维新之治。朕将亲览焉。

状元殿试卷

臣对: 臣闻治天下者,当全盛之时而为善建不拔之计,非破庸俗之论,以鼓豪杰之心，则其道无由。昔唐太宗与房、魏论创业守成之难易，而曰："与我取天下者，知创业之难，与我安天下者，知守成之难。"《周书》曰："若昔大猷，制治于未乱，保邦于未危。"今天下正所谓兼创垂之盛，而持危乱之防者也。人才不可谓不盛，而未尽所以取才之方。吏治不可谓不肃，而未尽所以驭吏之道。惩贪不可谓不严，而未尽所以止贪之术。俗尚亦数变矣，而未尽所以靖俗之谋。兵制亦甚精矣，而未尽所以弭兵之要。故有谓今天下为已安已治，遂可晏然无事者，皆庸俗人之论也。臣窃尝见夫古来全盛之时，不可以数遇，而往往弊之所伏，即伏于其盛。而又窃尝慕夫贾谊之策、陆贽之议、苏轼之对，皆能举一代之治，而断其何以治，何以乱，何以治而不乱，何以乱而复治。盖有一代之治，必有一代之才以应之。臣有志焉而欲陈久矣，今当拜献之始，岂可自诬其所学乎！

钦惟皇帝陛下，翠妫承符，紫微正象，协运而兴，辛壬肇四日之祥矣。拟乎敬承之世，岂止四百载，而颂吾君之嗣，实赖启贤体元以御子丑，正三才之统矣。媲乎中乂之朝，何啻三十世。而考昭子之刑，咸称诵圣克艰厥后，敦茂质于冲龄，汝翼、汝为、汝明、汝听，济济然见安止弼直之休。

无竞惟人，树弘规于首出，有辅、有弼、有疑、有丞，秩秩然成无为至正之范。今且晋此多士，询以纶言，岂非已治而益求其治，已安而益求其安者欤？《礼记》曰："文王以文德，武王以武功。"《汉书》曰："功莫大于高，德莫大于文。"周之兴也先文，汉之兴也先武。我国家文武并济，以有天下。太祖之肇基启祚，太宗之积功累仁，至于世祖以沉毅之姿，而兼以明断之识，以恢廓之度，而兼以绥辑之才，一年而平兖豫，一年而下江淮，一年而定荆襄，一年而檄巴蜀，不数年而五岭望风，滇南稽颡，此开辟以来所未有之盛也。天下文武之臣，莫不愿毕智竭忠以待用，人才亦已辐辏矣。而臣独谓未尽所以取才之方者，何也？古者人才既用，而尝有未用者存于既用之外，故《尚书》曰："有三宅，有三俊。"而《诗》曰："赳赳武夫，公侯干城。"今天下岩野川泽之中，其隐然备公辅之器者谁耶？泛然而取之，泛然而应之，又泛然而任之。取之者不知其何以取，应之者不知其何以应，任之者不知其何以任。欲兵则兵，欲刑则刑，欲钱谷则钱谷。古之圣人一人止任一事者，今则以一庸人兼之而有余。古之圣人终身不易其官者，今则一旦应之而亦无不足，是亦理之所难信也。今即不必用九品、四科之制，而州郡之荐举，将帅之征辟，似亦不可少也。若乃掣签而使，按资而升，贤愚同科，茫然无据。彼论而后官，量而后入，独不可稍存其万一乎？程才莫先于计吏，而臣谓未尽所以驭吏之道者何也？古者亲民之官，莫重于二千石，有以公卿而为之者。唐宰相出为刺史，李泌、常衮皆然。若夫守令，尤为亲民，不可不择。今之郡县官，大抵如传舍，与民情漠不相接。监临使者，顾盼威动，所荐未必贤，所纠未必不肖，其趋谒勤者即为才，其应对捷者即为敏，则何若崇重郡县之责。外听责成于督抚，内听考核于铨部，而用唐虞三载之法以黜陟之。彼监临之所荐、所纠，不亦可以已乎？

且今天下可汰之吏亦甚多矣，势有不能尽汰者，虑庸人之无所容耳。夫不虑庸人之无所见，而反虑庸人之无所容，此从来之积弊也。即以今日之计吏言之，亦莫亟于惩贪矣，而臣谓未尽所以止贪之术者又何也？凡人之溺于赇赂而不能脱者，大抵有田园妻子之见以惑其中也。故有昔居环堵而今则拥甲宅，昔泣牛衣而今则列姬姜，昔无半顷而今则连阡陌。诘其所从来，不贪何以有是耶？诚能稍限其甲宅、媵妾之数而为之禁，其有敢于逾禁者，即坐以僭肆不敬之罪。彼有私金于筐箧，而受贪墨无耻之名，虽愚者亦必自笑其所为矣。臣尝见败坏风俗之事，必自卿大夫开之，而后愚民从而效之。此臣所谓靖俗之谋犹有未尽者。巫风淫风有一于身，家必丧。今之卿大夫多为淫靡无益之事，煽惑愚民，而后俍儿舞女之装，宝马画船之饰，探丸跳剑之侠，刺猴刻楮之巧，靡所不至。甚且富者必有术以求其贵，贵者必有术以求其富，而圣人驭富、驭贵之权，皆何所施乎？今富者之必贵，既有严谴以禁之，而贵者之必富，独相习而以为固然。如是而欲风俗朴厚，教化兴起，不可得也。且夫天下驯服于教化而不能变者，无事则赖文，有事则赖武。今日师武臣之力，亦可谓肤功毕奏矣。而臣独谓用兵虽精，未尽所以弭兵之要，此又非无说也。处今日而欲如古者遂人治野之法，鄩长旗鼓之节，藏兵于民，则诚迂然。必使兵与民习，民与兵习，一旦有事，毋论兵勇于斗，而民亦有各护其田畴庐井之心，此不战而自胜者也。今则兵之所轻者民，而民之所畏者兵，一旦有事，则民自为民，兵自为兵。天下未有民自为民、兵自为兵，而能久安长治者也。宋艺祖留意赏罚，平蜀之役，赏曹彬而罚全斌。夫亦赏其与民相安，罚其与民相扰者而已矣。行间之功罪，即以此定之可也。凡此者，皆臣所谓当已安已治，而亟亟焉为善建不拔之计者也。虽然，治天下有本有末，得其本而治之，则无不治矣。

所谓本者何？即制策所云纪纲法度是也。司马相如曰："风轨简易，易遵也。湛恩庞鸿，易丰也。垂统理顺，易则也。宪度著明，易继也。"尝取历代之典章，而考之其可得而损益者，不过质文之异其尚耳，不过隆杀之异其制耳，不过宽猛竞絿之异其用耳。若夫纪纲法度者，不可得而损益者也。纪纲法度治，则吏治以肃，民俗以淳，文德于焉诞敷，武功于焉赫濯，创之有其基，而守之亦有其渐者也。纪纲法度乱，则吏治以乖，民俗以坏，文德伤于优游，武功失于争竞，创不可以宪后，而守亦不可以承前者也。故曰：纪纲法度者，不可得而损益者也。我国家之典章，至简便而至精详，至严明而至仁厚，似无以加矣，而臣尤有进者。唐贞观时，天子问山东关中之同异，而其大臣曰："王者以天下为家，不宜示同异于天下。"裴度既平蔡，即用蔡人为牙兵，而曰："蔡人即吾人。"今天下遐迩倾心，车书同轨，而犹分满人、汉人之名，恐亦非全盛之世所宜也。诚能尽捐满汉之形迹，莫不精白一心，以成至治，则赞赞者皆皋、益之选也，桓桓者皆方、召之俦也。将见江南静横海之戈，而冀北息桃林之乘，即以跻于唐虞三代之盛，亦何难乎！

臣草茅新进，罔识忌讳，干冒宸严，不胜战栗陨越之至。臣谨对。

康熙三年（1664）甲辰科　状元：严我斯

严我斯

严我斯（公元1629年—?），字就思，浙江归安（今浙江湖州）人。据资料记载，他大概于70岁去世。民间传言其卒前口偈："误落人间七十年，今朝重返旧林泉。崧山道侣来相访，笑指黄花白鹤前。"被时人视为高士。

顺治十一年（公元1654年），他参加了甲午科的浙江乡试并中举。顺治十八年（公元1661年），参加辛丑科会试，中贡试。后来，严我斯以辛丑科贡士的身份候补殿试考试，夺下状元。在状元及第后，授翰林院修撰，于康熙八年（公元1669年）任山东乡试主考官，累官至礼部侍郎。严我斯的仕途比较顺利，但他更向往乡野、山间生活，未到花甲之年便告老还乡，隐居于市，纵情诗文。他的诗作大多也呈现出沉湎山水、乡野的生活情趣，同时也流露出对黎民百姓的同情和对苍生疾苦的关心。严我斯诗作才情为人称赞，著有《尺五堂诗删》，书法作品也有传世。

取士情况

康熙二年（公元1663年）时，康熙帝认为八股文不利于选拔人才，一度颁布"废八股"的诏书。考试内容减少不仅使得乡试、会试场次减少，也使得一些习惯了八股文的士子难以应对，因此康熙三年（公元1664年）的会试应试者和中试者都有所减少。殿试时以敷教化、清吏治、平庶狱为题。严我斯的对策中有大量针砭时弊的内容，提出的解决方案也很有见地，故而一举夺魁，一定程度上也反映出脱离八股限制更有利于应试者表达见解。

本科取士200人，状元严我斯，榜眼李元振，探花周宏。

殿试策问

奉天承运，皇帝制曰：朕惟古帝王抚育群生，莫不以兴行振德为首务，以故俗尚醇茂，贤才众多，吏有廉善之风，民无匪彝之即，其时刑措不用，登于上理，何其盛也！

朕荷上天眷佑之隆，承祖宗付托之重，励精求治，三年于兹矣。每思更化善俗，俾吏称其职，民安其业，乃治效犹未即臻，岂广厉之道有未尽欤？今欲诞敷教化，使天下蒸蒸振兴为善，其道何由？

至于考绩课吏，所以澄叙官方，何以使贤否不淆，激扬咸当欤？明罚敕法，所以大畏民志，何以使庶狱平允，从欲以治欤？

尔多士其各抒所见，详切敷陈，朕将亲览焉。

状元殿试卷

臣对：臣闻帝王之绍休烈而抚海宇也，必有经天纬地之弘模，无一事不受其裁成，而后德垂于可久。必有继往开来之绝业，无一人不安其性命，而后功成于可大。德之所以可久者，权其本计而图之，不恃法而恃人是已。百度允贞，端藉翼为明德之才，承流宣化，故元首康而股肱良，莫不奉我后绥猷之治以为治，而共遵于立纲陈纪之中。功之所以可大者，揽其全效而收之，不任术而任化是已。群黎遍德，惟此抚字，敉宁之略，干止养恬。故朝廷正而草野安，莫不体维皇建极之心以为心，而相化于敛时锡福之内。故创守有异时也，而无异道，不过使大法小廉，明刑弼教，纳天下于平康正直之休，而皇猷始为有要。继述有殊势也，而无殊法，不外此吏习民安，内和外顺，开天下以时雍风动之象，而王路所以无偏。然则本计得而庶绩咸熙，全效收而多方永奠，端在今日矣。

钦惟皇帝陛下，德配乾元，位光离照。陈九功而首出，治炳尧天；大一统以凝承，化浃禹甸。泰交洽而山龙赞采，乃圣乃神，乃武乃文，声教诞敷，德广运于日星河岳；鼎命集而梧凤扬辉，有孝有德，有凭有翼，思皇媚止，功攸暨于玉帛车书。布神威以靖国，海不扬波，山无伏莽，羽干舞而万邦瞻，如云如日之仪；覃保恤以宁民，人熙冬日，世跻春台，秬黍歌而四国协，象风象雨之好。固已太平有象，茂骏业于前王，景运无疆，肇鸿猷于奕祀矣。乃犹圣不自圣，安愈思安，进臣等于庭，孜孜勤询，虽帝咨王访，宁有过欤！臣躬居蓬荜，志切经纶，思摅一得之愚，以为兴朝三拜献者旧矣，矧煌煌清问，实式加之，敢不敬陈所学以拜扬休命乎！

臣窃常缅怀上理，颂法先猷。无为恭己，庶政修和，臣邻奏寅亮之绩，间阎多击缶之风，唐虞之所以开治也。宽仁彰信，惠鲜怀保，治理隆而虽休弗休，训行昭而辟以止辟，三代盛王之所以继治也。偃武修文，采风省俗，举贤良而兴礼让，崇节俭而几刑措，汉祖唐宗之所以求治也。故一代之兴必有一代之人才以应之，君臣一德，上下同心，于以赞嘉猷而弘休裕，垂诸史册，班班可考矣。今国家抚运方新，肇基伊始，驾汉唐而跻陶姚，诚非无术以处此。

伏读制策有曰：更化善俗，俾吏称其职，民安其业，乃治效犹未即臻，今欲诞敷教化，使天下蒸蒸振兴为善。此诚皇上嘉与维新之至意也。臣愚以为风俗之患不一，大端士习之浇，莫甚于奢，民风之替，必由于惰。奢则放佚而不知所归，廉耻丧则法令不能坊矣；惰则游荡而不知所习，饥寒迫则奸宄从此生矣。天下之人相习以为固然，极其流弊，吏之为贪、民之为盗，率由此耳。故教化之权，不贵有其术而贵明其意，不贵重其名而贵原其实，使天下咸乐于为善，而不忍于为不善，斯不必家谕而户晓之也。然而奢与惰之不可不亟治也，固有道矣。今为计曰正名分以定制，则奢僭之端始不得而开也；禁淫巫以彰教，则眩惑之风始不得而启也；杜苞苴以养廉，则奔竞之习始不得而靡也；省车服以崇俭，则夸耀之尚始不得而流也；重稼穑以劝功，则金玉之价始不得而争也；崇学校以端本，则嚚凌之气始不得而张也。此所谓明其意而原其实，君子以之敦行，小人以之省业，又何虞教化之不行而风俗之不善乎？

  伏读制策有曰：考绩课吏，所以澄叙官方，何以使贤否不淆，激扬咸当。洵为治之要图也。夫言吏治于今日，难矣，掣签而使，地之繁简毋论也，材之大小毋论也。上而藩臬诸司临之，又上而督抚诸臣临之，贤否激扬，不凭治术为短长，而视弥逢之工拙，不审操守为殿最，而视趋承之后先。故一行作吏，往往声名之念轻而思保其爵禄，甚至爵禄之念轻而思保其身家，以何暇顾民间之疾苦而修廉耻之防维也哉？且夫催科之责既重，索派之令日烦。催之而应，民受其害，而吏胥奸蠹且中饱其利也；催之而不应，则官受其累，而吏胥奸蠹且阴蚀其肥也。今日之有司，从而督责之于上者如此，从而侵伺之下者如此，虽有精明廉谨之才，卓鲁龚黄之行，有不掣肘而叹者几何哉？臣愚以课吏之法，必先惩胥吏之法，而考成之利弊清矣。课吏之小者以为法，必先察吏之大者以为法，而官方之邪正明矣。

  伏读制策有曰：明罚敕法，所以大畏民志，何以使庶狱平允，从欲以治。仰见我皇上好生之心，与天地同德也。盖立法贵乎至一，一者所以定天下之趋，而使之不敢有所犯；行法贵乎至公，公者所以服天下之心，而使之不敢有所怨。昔者子产治郑，孔明治蜀，皆以严法行之，而不失于宽也，由是道耳。若夫法烦密则民心怨，法多门则民听惑，而且猾吏得以任意，奸民得以生心，非所以昭轨物而树坊表也。今国家不可有滥及之恩，尤不可有亵用之威。故入与故出之法必均，从重与从轻之议必谨，至反坐之条必重加申饬，以杜刁讼之风，庶几雪冤者不至或以锢冤，除害者不至反以兹害，将明允再见矣。

抑臣尤有进焉者，二帝三王为古圣神功化之极，未有外修身勤民以图治本者也。今皇上承天庥而隆懋德，扬祖烈而绍鸿图，非修身无以大昭事之忱，非勤民无以见灵承之实，诚于二者加之意焉，则丰功伟业无难举而行之也已。

臣草茅新进，罔识忌讳，干冒宸严，不胜战栗陨越之至。臣谨对。

康熙六年（1667）丁未科　状元：缪彤

缪彤

缪彤（公元1627年—公元1697年），字歌起，号念斋，江南吴县（今江苏苏州）人。缪彤自幼便研习经史，善于文辞。清世祖顺治十四年（公元1657年），缪彤于乡试中中举，但随后多次参加会试均落第。直到清圣祖康熙六年（公元1667年）以第三十六名进入殿试，在殿试中拿下魁首。

缪彤状元及第后，被授予翰林院修撰。康熙九年（公元1670年）任会试主考官，后辞官归乡，此后闭门闲居，不参与政事，在家乡建立三畏书院，招取人才。缪彤先后以《曹月川家规》《蔡虚斋秘箴》《刘念台人谱》等书作为教授学生的课本，培养了不少人才。缪彤非常擅于写景抒情，留有《双泉堂集》。

取士情况

此次殿试于太和殿前举行，策问以"用人择吏，足国裕民之方"为题。

缪彤的对策建议皇帝修心，时刻利用"仁"，从"仁"出发。这与孔孟的理念相符。文章构思严谨清晰，他因此夺得魁首。

本科取士155人，状元缪彤，榜眼张玉裁，探花董讷。

殿试策问

奉天承运，皇帝制曰： 朕惟帝王统一寰区，必任用贤才，澄清吏治。使国有丰亨之象，民饶乐利之休，而后庶政毕修，群生克遂，登上理焉。朕以冲龄，仰承天眷，嗣缵祖宗鸿业，夙夜冰兢，期于俊乂充廷，廉能著绩，国计日盈，而闾阎不扰，数年于兹矣。乃图治弥殷，厥效未睹，其故何也？

国家简任贤良，以共襄治化，必如何而后用当其才，人称其职欤？

迩来贪风未息，诛求下吏以奉上官，遂致不肖有司，私派横征，民生益困，何法而可革其夙弊欤？

至于国用浩繁，繄惟正之供是赖。乃催科不善者，每昧于抚字。兹欲使草野免追呼之苦，而度支恒足，其道安在？

尔多士详切敷陈，朕将亲览焉。

状元殿试卷

臣对： 臣闻帝王之统御天下，而绵历服于无疆也，必有其为治之本焉，必有其致治之要焉。夫用人不可以不慎，吏治不可以不清，赋税不可以不均，此三者，固治天下之大端也。而犹非其本也，抑犹非其要也。盖所谓本者何也？人主之一心是也。所谓要者何也？人主之以一心行仁者是也。故仁以举贤，而爱惜人才，则收用人之效矣；仁以择吏，而澄清吏治，则成廉洁之风矣；仁以理财，而抚循百姓，则致丰亨之象而臻乐利之休矣。唐虞三代之盛，所以庶政毕修，民生克遂，而登上理者，此道得也。故善治天下者，不恃有驭天下之术，而恃有治吾心之道；不徒有爱百姓之名，而贵有爱百姓之实。以是内之百僚有师济之盛，外之群吏有廉法之操，上之府库有充盈之积，下之闾阎有康阜之风。是尧舜三代之丰功茂烈，不难再见于今日者也。

钦惟皇帝陛下，鸿图克懋，龙德方升。孝思永言，隆祖任母姜之尊养；惠泽普被，备文谟武烈之显承。文教著日出之区，武功及海隅之表。四方皆已底定，天下皆已治安，而犹圣不自圣，进臣等于廷，而谘以用人择吏之道，足国裕民之方，虽帝咨王访宁有过欤？以臣之愚陋，非有藻鉴群流之识，何敢言人材之用舍；非有封疆牧民之责，何敢言百官之短长；非有钱谷大农之计，何敢言财赋之充诎。然臣尝闻柳宗元曰："思惟报国，独有文章。"又闻欧阳修曰："士患不见用，及用也，又曰彼非吾职，不敢言。是终无可言之日也。"今煌煌清问，实式加之，其敢不竭千虑之一得，以对扬休命乎？

臣尝缅怀上理，追念先猷，而知古帝王为治之本，无过内治之心。而治心之要，无过吾心之仁。何也？盖有纯王之心，斯有纯王之政，言政之必本乎心也。有《关雎》《麟趾》之风，斯可以行《周官》之法。言心之可以立法。故欲求国用之足，未有不由民生之遂而可得也；欲求民生之遂，未有不由吏治之贤而可得也；欲求吏治之贤，未有不由用人之慎而可得也；欲求用人之慎，未有不由皇上之仁以立心而可得也。惟我皇上，凤业冰兢，期于俊乂充廷，兼能著绩，以裕国计，而慰民生者，诚莫逾于此矣。

伏读制策有曰："国家简任贤良，以共襄治化，必如何用当其才，人称其职。"此我皇上辟门吁俊之盛心也。朝廷选用人才，非苟慕其才而富贵其身也。殆将用其能以理不能，用其明以理不明者耳。其在《诗》曰："菁菁者莪，在彼中阿。"言所以长育人才之道也。故方其未用也，尝患其多。及其既用也，恒患其少。与其用不足而后取，何如多取以待用。凡有人而不用，与用之而不当，皆可惜也。故贤能不可不惜也。以内而言之，台省之内升，本以贤能而升者，反逸之山林之内。升而候缺，不如遇缺后升，久置之拾遗补过之列，非无益也。外而言之，监司郡县之转迁，亦以贤能而升者，又留以未竟之案；有功而升者，仍以有过而留。苛求于钱谷刑名之间，亦已甚也。总之，知人则哲，惟帝其难，必得知人之佐，而行以保任之法，然后真才辈出矣。臣每见今之在位者，见一贤焉，若亲与迩，不敢举也。见一不善焉，若疏与远，不敢去也。问其故，曰："避嫌也。"避嫌之念生，而积行之君子壅于上闻矣。臣故曰仁以举贤，则爱惜人才，而可以收用人之效者，此也。

伏读制策有曰："贪风未息，诛求下吏以奉上官，遂至不肖有司，私派横征，民生益困，何法而可革其夙弊？"兴言及此，真百姓之福也。夫今日之百姓，诚苦矣，苦于有司之剥削也。今之下吏亦苦矣，苦于大吏之诛求也。大吏之取于小吏，必饰其名曰公费，不知藏之私橐之中者，为公乎？为私乎？有司之取于百姓者，饰其名曰乐输，不知得之敲扑之下者，为乐乎？为怨乎？臣恐虽文致其辞，而终无以掩人之耳目也。于是一田之入，而有两田之出，使吾民曾不得卖丝而粜谷焉；一定之税，而有无定之征，使吾民曾不得聚庐而托处焉；耒耜方思东作，而输将不待西成，使吾民曾不得水耕而火耨焉。贪吏之弊，一至于此，民生安得不日困乎？以臣计之，惩贪之法不可不严也。惩其吏之小者，不若惩其吏之大者。夫大吏之贪，不止赋敛无度已也。其位愈尊，其害愈大，其害愈大，而人愈不敢言。即有不畏强御之臣，出力而排之，不过举其大概，而不能悉其实也。莫如访其贪之最者而惩之。彼贪冒无耻，止为室家妻子计耳。以今日居官之所得，为后日平居之所乐，何惮而不为之？惟行汉世惩贪之法，宋人禁锢贪吏之制，彼又何利而为此耶？此非过于刻核也，盖除吏之蠹也，去民之害也。杀一二人，而天下皆生也，是天下之至仁也。臣故曰仁以择吏，则澄清吏治，而可以致廉洁之风者，此也。

伏读制策有曰："国用浩繁，繄惟正之供是赖。乃催科不善者，每昧于抚字。兹欲使草野免追呼之苦,而度支恒足。"此以见爱民裕国之弘模也。夫今之赋,犹古之赋也;今之民,犹古之民也。何以古则上有余,而下无不足,今则上未尝有余,而民又患不足?岂非抚字催科之道,得则俱得,失则俱失者乎?故善催科者,必为民治农桑焉,必为民广畜牧焉,必为民缓刑罚焉,必为民通有无焉。如是而民力裕矣。民力裕而上之所求,无不应矣。不善催科者,惟日夜取民之财,穷民之力,日削月朘,浸以大穷,将元元安所归命哉?臣尝观小民之家,其初牛羊果蔬,熙熙然若为子孙百年之计也者。一往过焉则为墟矣,再过三过焉则又为墟矣。问之其邻,或曰:"逃亡也。"或曰:"赋重而不能守也。"是非催科之所迫而然耶?故抚字之道,不可不讲也。惟皇上弘岂弟之恩,立慈惠之师,使天下之为吏者,寓催科于抚字之中,则上有仓盈庾亿之庆;兼抚字于催科之内,则下有家给人足之风。臣故曰仁以理财,则抚循百姓,而可以致丰亨之象,臻乐利之休者,此也。

然臣反复深思,欲为皇上更进一筹,而终无易于仁以存心之为要也。《书》曰:"皇天无亲,惟仁实亲。"又曰:"民罔常怀,怀于有仁。"此之谓也。

臣草茅新进,罔识忌讳,干冒宸严,不胜战栗陨越之至。臣谨对。

康熙九年(1670)庚戌科 状元:蔡启僔

蔡启僔

蔡启僔(公元1619年—公元1683年),字石公、硕公,号昆旸,浙江德清人。他的父亲曾是明代吏部侍郎,明亡后,逝于家中,自此,蔡家家道中落。

清世祖顺治十一年(公元1654年),蔡启僔在乡试中中举,但不幸的是在来年的会试中落榜。此后,蔡启僔五次参加科举,均落榜。直至清圣祖康熙九年(公元1670年),他再一次参加会试,终于荣获贡士,这时距离他中举已经过了16年。随后,蔡启僔在殿试中摘下魁首。

蔡状元及第后,被授予翰林院修撰,主修国史。康熙十一年(公元1672年),他担任顺天乡试考官,后来因偶出小错而遭到弹劾。于是,他便直接辞官返乡侍奉家中年迈的母亲。等到母亲去世后,蔡启僔才回京,再次担任日讲起居注官。康熙十六年(公元1677年),升为詹事府右春坊右赞善。后来,因病辞官回家,不再出仕。

蔡启僔喜欢游历山水,拥书自娱,一生淡泊名利,他做官时

> 不向上攀爬，也不置产业，到死后也没有可以安葬的地方。直到五年后，他的孩子们才买了一块墓地安葬他。蔡启僔博学多才，著有《洪范五行传》《游燕草》和《存园集》。

取士情况

这是康熙亲政后主持的第一场殿试，在太和殿前举行。康熙八年（公元1669年），16岁的康熙皇帝决定除掉专横跋扈、结党营私的鳌拜。康熙组织了一批训练有素的少年摔跤手，借宣鳌拜进宫议事之际，出其不意地将其逮捕。康熙之后又清除鳌拜余党，亲自执掌朝政。此次策题为以民生休戚、兴贤育才及用人、黄河以及运河的修浚等，充分体现了康熙这位少年帝王关心国计民生的胸怀。

本科取士299人，状元蔡启僔，榜眼孙在丰，探花徐乾学。

殿试策问

奉天承运，皇帝制曰： 朕惟帝王诞膺天命，抚御四方，莫不以安民兴贤为首务。朕缵承祖宗鸿绪，孜孜图治，民生休戚，日廑于怀，而治未臻于郅隆，其故何欤？今欲家给人足，以成丰亨乐利之休，何道而可？

兴贤育才，原以为民。今既崇经学以正人心，重制科以端始进，乃士风尚未近古，以致吏治不清，民生未遂，果陶淑之未善欤？抑风俗人心习于浮伪，徒徇名而失实欤？必如何而能返械朴作人之盛，以几时雍之化也？

我国家揆文奋武，礼乐之彦，韬钤之臣，兼收并重，何以简用得人，使才称其职，庙堂著亮采之功，封疆有干城之效欤？

在外地方大吏，惟督抚是赖，牧民之官，守令最亲，必表正而后景直。欲使大法小廉，遵功令而修职业，以争自濯磨，将何术之从欤？

漕粮数百万，取给东南，转输于黄、运两河，何以修浚得宜，而天庾藉以充裕，俾国收其利，民不受其害，其必有道以处此。

尔多士志学已久，当有确见于中。其各摅夙抱，详切敷陈，朕将亲览焉。

状元殿试卷

臣对： 臣闻帝王车书一统，启万年有道之长也。有至德之光被以昭法纪之隆焉，有令业之弘开以彰道化之远焉。法纪隆，则天下赫声濯灵服圣人之大略，道化远，则天下澄怀涤虑□圣人之深心。瑞历应而万几攸渠。其最系王心者，在民生之休戚与人才之得失，唯秉宽和以服物，操明断以平衡，然后殷盈见而化理昌，嘉谋嘉猷日陈于前。大略以深心而益懋，鸿图肇而治理毕张。其最关国体者，在文武之宣猷与东南之转运，唯衷前王以立极，期至善以垂模，然后群猷著而国计充，规为制度，灿然具备。深心以大略而愈彰，盖体道以为法，而法始无愆，爰正纪纲，章轨物，皆本清明之志以相孚，不识经纬之何从，而成万国咸宁之治。亦因法以求道，而道为有用，方审张弛，裁沿革，皆推纯正之意以相宣，立见敷施之既裕，而臻四海和协之徵。调休风于玉烛，巩大业于金瓯，端有在今日矣。

钦惟皇帝陛下，道贯三才，功高百辟。绍尧为舜，欣瞻松日之祥；继武缵文，永慰云霓之望。炳离光于南面，运符五百载之昌期；毓震旦于东方，历宪亿万年之大统。垂裳而贞百度，凡属心知血气，咸沾天覆地载之恩，而众志之允怀率迪者，所在涂歌而巷舞；锡命以怀万邦，不殊南北东西，共惕雷厉风行之象，而庶绩之其凝咸理者，罔不崇实而去名。固已方驾唐虞，登三咸五，而跻世于雍熙矣。乃犹圣不自圣，进臣等于廷，而谘以民生休戚，兴贤育才，且复谆谆于文谟武烈、国计克朘之是虑，虽悬鼗设铎，何以加兹！臣志切匡时，有怀欲吐久矣，敢不竭管见之愚，以仰佐高深万一乎！

伏读制策有曰："民生休戚，日廑于怀，而治未臻于至隆，今欲家给人足，以成丰享乐利之休。"诚抚恤民隐之盛心也。以臣计之，裕国必先裕民，草野之阜康，即为朝廷之美利。富民实以富国，宫府之经制，无非闾里之输将。诚深维乎上下相通之故，而知天下之利自在民间，万世之资开于一日，非仅图目前权宜之计已也。故人主为斯民策久远，不可使有余之见常存于一人之意中，尤不可使不足之形时见于百室之妇子，是在皇上以恤民之实心，行劝民之实政。三推九推以率先之，司农司畯以董治之，使生谷之田尽垦，而地无余力，游食之民尽农，而民有余利。更为轻徭薄赋以纾其困，三年九年以厚其藏，豫大丰亨之象，不再见于今乎？

制策有曰："兴贤育才，原以为民，今既崇经学以正人心，重制科以端始进，乃士风尚未近古，以致吏治不清，民生不遂。"原所由来，端因士气之不振开之也。然士气之纯杂，在养之于平时，而非励之于一旦。苟素习不端，及其一行作吏，无惑乎寡廉鲜耻，宴然民上而恣其贪残。欲民之各遂其生也，何可得哉！董正之法，当责之教官，以教官之与士习也。然尤在宗伯督学使，学使督教官，而以教官督士。吾未见上有董率之人而子弟犹不谨者也。品节既著于平时，自不以廉隅而易其守。于以膺民社之寄，则有利而利必兴，有弊而弊必去。治负龚黄之誉，俗臻仁让之休。其有浮伪以相矜者乎？曰无有。其有徇名而失实者乎？曰无有。于以追朴椷而几时雍，不难矣。

至于揆文奋武，礼乐之彦，韬钤之臣，兼收并重。诚如制策所云："简用得人，使才称其职。"然望我皇上慎以处之，公以行之，明以断之。今日之选授可云公矣，然职之繁简、才之短长，未易辨也。常使职之余于才者，或至才余于职。所贵本至明之心，行之以至慎，而后可以励其始。然今日降革之科，常如传舍，而拔擢之典，每至淹留。不患在资格之不循，而患在资格之过循。唯过循，则予之久任以重其权，示之超迁以优其典者，无有也。长才未必有越次之升者，短才未必无依次之转。所贵本至公之心，行之以至断，而后可以要其成。我国家文武并重，统辖各有专司。然而表正之权全在督抚，以下属之贤否，督抚能悉之，下属之贪廉，督抚能制之。正恐督抚之心未必尽体皇上之心，则下属之心又焉能祗承督抚，以仰副皇上之期许乎？昔云文不爱钱，武不惜身，其谓之何？诚严其督责而力行之，庶不敢以僚属之殿最自累其功名。则举劾必当，而大法小廉，争自濯磨于圣世矣。

次天庚之积贮，咸仰藉于东南，而转输无策，每为民害。皇上殷然及此，诚万姓之恩波也。臣谓征纳出自民间，而转输半出天事。盖黄、运两河，互为表里，第运河之修浚，全在备御之得宜。黄河则旋决而旋筑，且屡筑而屡决以水，衡数百万金钱置之洪涛骇浪中，而靡有止息。是未受充裕之利而先厪耗费之虞矣。且也蓄泄之不时，而挑筑每为民害，则转输之善策，无如专其权于总漕，兼其任于总河。使漕不受制于河，而漕利使河得分，治于漕而河亦利，是非予以重权、责以久任不可。盖任久则河之情形自熟，而疏浚利导之得宜。权重则责之旁贷无辞，而诿卸游移之弊绝。将见日奏安澜之庆，坐收红朽之胰，庶几酒浆佩璲，与心膂而偕来乎！

抑臣更有进焉，惟愿皇上以古帝王之心为心，且通乎左右辅弼之所以为心。虽不必日陈经史，无往非经史之敷陈。亦不必日御经筵，无在非经筵之开导。盖实有逊志时敏之心而后延访之，即为躬行也；实有舍己从人之志而后谘谋之，即为达务也。岂非德为可久之德，业为可大之业，以昭法纪，则民风士习，胥致于雍和，而朝野乐观其盛。以彰道化，则大法小廉，尽归于亮采，而文武愿竭其诚。若所谓百灵效顺，河岳怀柔，时占大有，史纪嘉祥，则又圣世之余事矣。

臣草茅新进，罔识忌讳，干冒宸严，无任战栗陨越之至。臣谨对。

康熙十二年（1673）癸丑科　状元：韩菼

韩菼

韩菼（公元1637年—公元1704年），字元少，号慕庐，江南长洲（今江苏苏州）人。清圣祖康熙十一年（公元1672年）参加乡试，第二年赴京参加会试、殿试，均获榜首之位。

韩菼状元及第后，被授予翰林院修撰，负责修撰《孝经衍义》，任日讲起居注官。随后，康熙命韩菼作《太极图说》，后召至宏德殿讲经，教授《大学》。康熙十四年（公元1675年），韩菼主持顺天乡试。康熙二十四年（公元1685年），由康熙皇帝亲自设置考试，对翰林院进行考核，韩菼位列第二。康熙二十六年（公元1687年）以病假请辞归乡，直到康熙三十四年（公元1695年）还京，主管修撰《一统志》，后来历任礼部右侍郎、礼部尚书等职。皇帝赐给他"笃志经学，润色鸿业"之匾。

康熙四十三年（公元1704年），韩菼病逝，享年68岁，谥文懿。著有《有怀堂诗文稿》二十八卷、《春秋左传句解汇镌》六卷。

取士情况

此次殿试在太和殿前举行,韩菼是由康熙钦点的状元。康熙认为,"韩菼所为文,能道朕意中事"。这个对策有两个版本流传于世,分别是雍正版本和乾隆版本。乾隆版本出自《四库全书》,其实文章并无实质性的改变,仅仅是做了一小部分文字调整,本书仅收录雍正版本。

本科取士166人,状元韩菼,榜眼王鸿绪,探花徐秉义。

殿试策问

奉天承运,皇帝制曰:朕惟自古帝王,以仁心行仁政,无不以万物得所为己任。其时丰亨克奏,教化覃敷,人无狙诈之心,户洽敦庞之盛。驯至遐荒向化,顽梗率俾,讼狱息而兵革销,风雨时而休征应,何风之隆也?

朕缵承祖宗鸿绪,抚御万方,夙兴夜寐,冀登上理。乃府事未尽修和,治道未臻醇备。尚德缓刑之令时颁,而仁让未兴;发帑蠲租之诏屡下,而休养未遂。意者审几度务,设诚制行之源,尚有未究者欤?

夫治狱之吏,以刻为明,古人之所戒也。近见引律多烦,驳察诬良,时见参奏,出入轻重之间,率多未协于中。何以使民气无冤?而谳法克当欤?

积贮乃天下之大命,乃常平之设,多属虚文。一遇荒歉,即需赈济,而奉行不实,致使朝廷之德意不能遍及闾阎。其何以使利兴弊革欤?

古者耕九余三,即有灾祲,民无饥色,其道有可讲求者欤?夫有治人始有治法,行实政必有实心。今欲疏禁网以昭悻大,缓催科以裕盖藏。务使物阜民安,政成化洽,以庶几于古帝王协和风动之治,抑何道之从也?

尔多士蓄积有素,其各摅所见,详切敷陈。毋泛毋隐,朕将亲览焉。

状元殿试卷

臣对：臣闻帝王欲举治天下之大法，必先有以倡天下之人心。夫心者，万事之权舆，至治之根柢也。世有百年必敝之法，而有万世可以无敝之心。为政而不本之以心，虽举唐虞三代之法施之，而无一可。古之圣王不能以身劳天下，而惟以心劳天下。其分猷布化，则寄之百官有司；其兼总条贯，则付之纪纲法度。而其子爱元元、忠厚恻怛之实心，必有余于用人立政之外者，以劝其群臣，使递相倡也，以率其下，渐磨陶冶，淬厉鼓舞，务尽出其精白不欺之心，以为天子拊循斯民之具。何者当兴，何者当革，若何为利，若何为敝，张弛宽猛，休养生息，君臣相与，早作夜思，无往而不得其当。由是衣食足而积贮充，禁网疏而狱讼息，暴民不作，兵革不试，而即有水旱不时之忧，无改乎闾阎乐利之旧。驯至四方从欲，协和风动。人事修于下，天休应于上，阴阳以和，风雨以时，则惟圣王能帅其臣以实心行实事之所致，而非徒法严令具，一切随事补救，润饰政治之所可几也。

钦惟皇帝陛下，得一居贞，兼三出震。定黜陟而澄吏治，远媲云师龙纪之遗；因燠旸而念民依，务协毕雨箕风之好。覃敷文教，而益讲于道德仁艺，常使史诵诗、士献箴；底定武功，而不忌乎狝狩蒐苗，共美右驺虞、左狸首。淑问既已扬于疆外，湛恩既已普于群生，庶绩既已受成，百灵既已顺职，乃犹进臣等亲策之，以府事未尽修和，治道未臻醇备，而欲讲于仁让之化，休养之泽，审几度务，设诚致行之源，此真公听并观、悬鼗设铎之盛心也。臣请得而备陈之。

臣惟狱者，天下之大命，和气之所由致，灾沴之所由生也。我皇上哀矜庶民之不辜，时沛更始之恩，屡下停刑之令，而且宽失出之罚，重矜疑之典，戒惨酷之刑，所以惩枉滥者至矣。而民犹或多冤者，何也？恭惟制策曰："引律多烦，驳察诬良，或见参奏。"臣以为今日刑狱之刻，正在于驳察苛于前，而参奏随其后也。古之治狱者，盖使之议论轻重，慎测浅深，宽然得尽其心焉。今自臬司上谳，毋论或重或轻，而必以驳察为例。有司苦于其上之苛刻缴绕也，乃逆窥意指之所向，而文致罪人之辞，以求一当。究之出于罪人之供者，实非出诸其人之口者也。而上下文移，公名为妥招。夫招而曰妥，是徒幸免驳察，而不顾生民之命者矣。臣以为宜少宽假臬司之参驳，而第慎择其人焉，以寄一方之民命，则庶乎其可也。而臣尤有请者，在减例而一从律。古者律一成而不可变，而复有疑有比，是律之中，已不胜其权衡变化，而不必增例以预拟之也。今常律之外，条例日增，徒使轻重上下得易以为奸而已矣。且夫法，亦顾用之若何耳？劓、刖、椓、黥，蚩尤之刑，而唐虞仍之，不闻其或滥。五刑三千，法莫详焉，而周之中叶，不闻其召祥。刑之当否，果不在法之详略也。又况以今之律如，所谓以准，皆各及其，即若八字之义已尽乎？小大之比，斯岂犹不足，而犹议例乎？

恭惟制策，念积贮之当务，而洞悉乎常平之设，多属虚文，赈济之恩，奉行不实。臣以为，今日欲行古者遗人委积之法则迂，欲如近者频下赈济之令，亦难为继。欲仿古者平籴之制，又恐有结籴、俵籴、括籴之诸弊。若欲一恃于常平，则有司出纳敛散之不时，蓄贮之不实，今亦既见之类。而臣窃谓，今日惟社仓之法，犹可行也。诚各委一方之守令，俾请其乡之耆宿有才德者，劝民量输其粟，而时敛之，而时出之，少加其息，以偿腐耗。其行之也，以鄹鄙而不以县；其主之也，以乡人士君子，而不以官；其劝之也，以忠厚悃悒，而不以惨刻疾急。于以御凶荒也，其庶几乎？

若夫制策所云：耕九余三，即有灾祲而民不饥者。此则足民之本计也。臣谓今日足民之道有三，曰减赋，曰缓征，曰减饷。今赋税既有定额，似不可复减。然古者十而税一，人或十五税一、三十税一，则今他省之最轻者，犹为重也。而江南一省之入至六百余万，欠厘毫以上，辄罪之，及生计簿而欠者，亦数百万也。此数百万者，或负于民而民无可奈何，或蚀于吏而吏亦无可奈何。大抵因税多而有压欠，因压欠而有那移，因那移而有破冒，百弊丛生，莫可究诘。势不得不议停，亦不得不议蠲。则曷若少留有余于民之为利乎？臣请即一省以例其余，苟有可少宽减者，减之。藏富于民，即余富于国，此时务也。缓征之说，诸臣请之数矣，言之切矣，皇上亦欲行之再三矣。而格而不遽行者，以宁饷之故。则臣请言减饷之说。古者一州之入，必足当一州之出。姑以战国时言之，养兵百万，而不仰给于他国。今天下大定，而馈饷不绝，如岁岁用兵，竭中原民力之供辇，输于岭海之滨，绝远不毛之地，而所在雄藩大镇，外挟一二窜伏山潆之余孽以自重，而内以邀于朝廷，日耗司农不生不息之财，以厌其玉帛子女无穷之欲，此岂可为继，而辄因循而不变乎？臣请于兵之可撤者撤之，其必不可撤者则留屯田。古者常且战且屯，今正当养兵不用之时，其力尤可用。且往者，兵在湟中则屯湟中，在淮则屯淮，在许则屯许，在振武则屯振武，在乌孙伊吾则屯乌孙伊吾，安得藉口无可耕之田乎？或犹不足，则以近省之饷量给之，俟得之数年，佃作盛而军实充，乃尽举所为协饷者而罢之。协饷停而征可缓，赋可减矣。缓征减赋而民有余财，则可以耕九余三，遇灾祲而无菜色矣。

凡此数条，臣敢因圣策而尽其愚。虽然，为政有本，致治有要，则臣以为必先于倡天下之人心，以实心行实政，而后可也。宋儒朱熹有云："世有二敝，有法敝，有时敝。法敝当救之以法，时敝当变之以心。"今虽百僚师师，庶政具举，然诸臣往往畏罪之念重，而踊跃之意轻；功名之虑深，而忠爱之谊薄；推委瞻徇之情多，而公忠任事之气少。则或者御臣之道，亦有未至也。臣谓宜推忠信以结之，宽文法以优之，破资格以异之，丰禄饩以劝之。崇尚圣贤之实学，以砥其礼义廉耻之防；试以当世之要务，以观其经理才干之实。渐磨陶冶，淬厉鼓舞，而向之数条者，可以付之其人有余矣。虽然，其本要在皇上之一心。诚夙夜讲学，一本于敬戒畏慎之至意，则德业益充矣。恭己出治，一将以咨儆吁咈之盛心，则百度修举矣。侧躬修省，斋居渊默，而一本敬天之诚，则嘉祥致矣。冬寒夏暑，祈福请命，而一由于爱民之实，则生养遂矣。此所谓以仁心行仁政，而物阜民安，政成化洽，进于古帝王协和风动之治者也。

臣草茅新进，罔识忌讳，干冒宸严，不胜战栗陨越之至。臣谨对。

雍正元年（1723）癸卯恩科　状元：于振

于振

于振（公元1690年—公元1750年），字鹤泉，号连漪，金坛（今江苏常州）人。清世宗雍正元年（公元1723年），于振参加癸丑恩科科举，考取状元。

于振状元及第后，被授予翰林院修撰，掌修国史，不久入值南书房。雍正二年（公元1724年）于振任河南乡试的考官；雍正五年（公元1727年），任湖北学政，后被贬，降为行人司司副。

清高宗乾隆元年（公元1736年），于振重新参加博学鸿词科考试，这次考试从167人中选取15人，于振获得一等，再度被授予翰林院修撰。乾隆三年（公元1738年），于振以编修的身份任职江西省乡试考官；乾隆五年（公元1740年）提督福建学政。累官至侍读学士。

取士情况

此次殿试为庆祝雍正皇帝登基所开的恩科,在太和殿前举行。策问主要以君臣交泰、贤士汇征、兴孝崇廉、化民成俗之道为题,于振的回答立论严谨、平实、流畅,是一篇应试佳作,助其荣获魁首。

本科取士246人,状元于振,榜眼戴瀚,探花杨炳。

殿试策问

奉天承运,皇帝制曰: 朕惟致治之道,必君臣一德,贤材奋兴。孝悌申于党庠,仁厚洽乎海宇,然后一道同风,克跻郅隆之治。朕荷天庥,丕承大统,仰惟圣祖仁皇帝抚御寰区六十余年,本至诚以御下,颁圣谕以教民,故能使俊乂盈廷、民风淳厚。朕旰食宵衣,惟恐一事未理,不克丕绍前烈,尚赖股肱耳目之司,匡所不逮。《周易·泰卦》言"天地交而万物通,上下交而其志同",谓君推诚以任下,臣尽诚以事君,此朝廷之泰也。朕推心置腹,以至诚待下,大小臣工宜精白之心,昌言无隐。今果能以嘉谋入告,无愧责难之义欤?抑或有依违瞻顾,不克以至诚报上者欤?

《周礼·大司徒》:"以三物教万民而宾兴之",卿大夫三年则大比,考其德行道艺,而兴贤者能者,至州长、党正、族师各以岁月考校,故其时人知奋励,克崇实学。今三载宾兴,犹行古之道也。朕加意作人,特开恩科,何以使道艺兼修,德行无忝欤?抑司造士之责者,宜仿古岁月考校之制,俾文行并茂欤?

百行莫先于孝,六计必主于廉。今欲使家有孝子,国有廉吏,所以倡导鼓舞之者,其道安在?至帝王之治,始于家邦,终于四海。今欲比户可封,何道臻此?

放勋由克明峻德,以至黎民于变时雍,周公、召公布王化于《二南》,

意风化始于君、成于臣。渐仁摩义，非一手足之烈欤？

夫君明臣良，联为一体，必能旁招俊乂，连茹汇征，贤才自然振兴也。敦崇孝行，砥砺廉隅，风俗自然醇朴也。

尔多士积学有年，必有以抒夙抱而佐朕之新政者，其悉以对，朕将亲览焉。

状元殿试卷

臣对：臣闻帝王之膺图御宇，而致重熙累洽之治也，将使耳目、股肱共为一体，而赞劼左右。有赓歌喜起之风，将使智愚贤否共归一途。而里塾党庠有械朴菁莪之泽，将使立名砥节者修之于家，施之于国，而言扬行举，皆有体有用之材；将使化民成俗者，本之于身，征之于民，而风流令行，皆无党无偏之治。是惟堂廉之上，一心一德，故宫中府中无不有至诚恺恻之意，以浃洽乎其间也。亦惟四海之远，一道同风，故国学乡学，莫不有濯磨砥砺之心，以鼓舞于其际也。惟上之风示者深，故敦崇至往，谨饬廉隅，而蒸蒸丕变者，不遗于出处也。惟下之观感者切，故入则横经，出则负耒，而蔼蔼可风者，不隔于远近也。唐虞三代所以正朝廷而立百官，始于家邦，放乎四海，用以成赓拜之风，致亲逊之俗，励士臣之节，端风化之源，协于上下以承天麻，诸福之物，可致之祥，莫不毕致者，未始不由乎此。

钦惟皇帝陛下，道叶羲图，德敷禹甸。仁心广被，绍休风于虞夏商周；义间昭宣，讫声教于东西南朔。有冯有翼，有孝有德，燕谋申锡于无疆；不竞不絿，不纲不柔，鸿业钦承于有永。辟门吁俊，扩自古未有之宏纲。蕊榜珠联，日边泰五色云开，欣□祥光绕电。明目达聪，际旷代未逢之盛遇，彤墀鱼贯，天上睹九苞彩焕，遥闻华渚流虹。固已弥性，优游纯禧，巩固从容中道。弗禄用康，北里献其嘉禾，九土歌其乐恺矣。乃圣情若谷，安益求安，进臣等于廷，而策之以君臣交泰、贤士汇征、兴孝崇廉、化民成俗之道。臣之愚陋，何足以仰酬清问？然对扬之始，敢不竭管窥之一得乎。

伏读制策有曰：君推诚以任下，臣尽职以事君，大小臣工宜精白一心，昌言无隐。此诚万古明良交泰之盛心也。《易》曰"王臣蹇蹇，匪躬之故"，《诗》曰"夙夜匪懈，以事一人"。古之为君者，有所不得已于其臣，而为手足，为腹心，不似廉远堂高而废都俞吁咈之盛。为臣者有所不能已于其君，而知必言，言必尽，不以时和物阜而忘危明忧盛之心。故汉有直言极谏之科，而唐置补阙拾遗之职。至于宋世，虽不为谏官者，亦许陈词，若在常参，即未经预牒者，不拘班次，凡以抒百尔之忧而作敢言之气也。我皇上励精图治，夙夜畴咨，属在臣工，无不可以赞襄国是。四海之利弊，皆已洞悉；九野之情伪，皆已周知；朝野远近之制度文为，皆已灿然而大备，前古后今之丰功伟业，皆已兼营而并包；犹且以依违瞻顾虑任其事者不克尽其诚。则锡圭担爵者，畴不勤推心置腹之感；执简待漏者，畴不有天地父母之思。至于风动时雍，有欲言而无可言者，泰交之盛，斯为至矣。

制策有曰：三载宾兴，犹行古之道也，何以使道艺兼修，德行无忝。此诚万古兴贤育才之至意也！古者匹夫有善，可得而举；匹夫有不善，可得而错。盖其时党正闾师养之于小学之中，司乐司成纳之于大学之道，而又有三年考校之法，比年考校之法，离经辨志，敬业渠群。至于经明行修，有造有德，所以优游而积渐者，非一日矣。我皇上聪明天纵，留意作人，广额增科，求才若渴，天下之士固皆喁喁而向化。顾形而上者谓之道，行而下者谓之艺，故为士者不患其艺之不工，而患其道之不立。见之于言谓之文，措之于躬谓之行，故为士者不忧其文之不著，而忧其行之不修。诚使造士者仿古岁月考校之制，倡率于上，或效苏湖经义治事之法，或考朱子分年治经之科，务其实勿务其名，听其言必观其行，何患道艺之不兼而文行之不茂钦！

制策有曰：百行莫先于孝，六计必主于廉，欲使家有孝子，国有廉吏，思所以倡导鼓舞之者。此诚万古兴崇民行之良规也！尝考西汉孝廉各为一科，至东都合而为一，故任延、张敞俱以孝称，孟喜、师丹兼因廉著，若杜氏之一门三举，太丘之羔雁成群，汉隋以还，仅见而已。至于正观之孝廉不能称述《孝经》，开宝之孝廉止可隶诸兵籍，举士举官，胥失之矣。我皇上大孝格天，至诚动物，凡具明发之志者，无不诵《白华》之什，而有怀二人。凡矢素丝之节者，无不咏羔羊之诗，而秉心正直。顾其倡导而鼓舞之者，则在乡党之中，示之以长幼之鹄，使出入进退皆有常经，父兄之教既先，子弟之率不谨者，未之有也。又在方面诸臣，明示以冰蘗之操，使州邑下僚洗心革面，大臣既已守法，小臣犹有不廉者，未之有也。如此则家有孝子，国有廉吏，而三代郅隆之治不外乎是矣！

制策有曰：风化始于君，成于臣，渐仁摩义，非一手一足之烈。此万世移风易俗之盛轨也！夫《书》陈《二典》，而时雍风动，本于峻德之克明。《诗》纪《二南》，而江汉汝坟，始于宫庭之癊。夫恭俭之主，野有盖藏而风成刑措；慈惠之世，政无更革而遐迩交孚，盖有动乎其天者，而风俗之厚薄乃因之而转移也。我皇上建其有极，执两用中，光天之下，至于海隅苍生，罔不时乂。风行俗美，家室和平，蔑以加矣。使内外臣工，正己率物，以谨厚者端其本，而奇技淫巧不得以眩其耳目之良；以醇朴者还其天，而曲学异端不得以摇其固有之性，则上行下效，如影响之相符，此感彼从，若风草之共被。游其宇者，不识不知而浑忘乎帝力。歌其泽者以恬以养，而无间乎亲疏。风俗之丕变，岂意量所能及哉！

要之，我皇上以法天行健之学，致宪天出治之政，则臣邻交儆而俊乂毕□，孝秀充廷而风声远被，于以登三咸五，成久安长治之模，体元长人，肇亿万斯年之庆。四灵为畜，百谷用成，先天而天弗违，定命而命不易，我国家重熙累洽之休，基诸此也。

臣草茅新进，罔识忌讳，干冒宸严，不胜战栗陨越之至。臣谨对。

乾隆四十五年（1780）庚子恩科　状元：汪如洋

汪如洋

汪如洋（公元1755年—公元1794年），字润民，号云壑，秀水（今浙江嘉兴）人。其父是乾隆年间进士汪孟。汪如洋受父亲影响，自幼便通读典籍，文思泉涌，有"鸿才博学"之誉。

汪如洋状元及第后，被授予翰林院修撰。清高宗乾隆四十八年（公元1783年），入值上书房，担任《三通》馆纂修官。乾隆五十一年（公元1786年），汪如洋任山东乡试主考官，随即提督云南学政，为云南文化事业的发展做出巨大贡献。后来，他又奉召还朝，继续入值上书房，不久后病逝，享年40岁。汪如洋精通诗文，著有《葆冲书屋诗集》。

取士情况

乾隆四十五年（公元1780年）乾隆七十大寿之际，特开"庚子恩科"庆贺。汪如洋参加此次考试，在会试和殿试中均位列榜首，连中双元。

本科取士157人，状元汪如洋，榜眼江德量，探花程昌期。

殿试策问

奉天承运，皇帝制曰： 朕诞膺宝运，今四十有五年。幸函夏乂安，广轮茂豫，钦崇永保，慎宪省成，凛怀无逸之图，式迓延洪之福，恒思谠论，以赞鸿猷。况今佑荷天申，春祺溥畼，缅惟古义，寿考作人，棫朴薪樲，当必应期而作，兹因廷试，亻采嘉谟。

《孟子》述道统之传，自尧舜以至于孔子，盖谓心法治法同条共贯也。然帝王之学与儒者终异，保大定功之要，其果在观未发之气象，推太极之动静欤？永嘉学派，朱子讥为事功。真德秀作《大学衍义》，其目自格致诚正至于修齐，而止治平之经略不详焉。抑又何欤？

天下之化理存于民风，而民风之淳漓由乎吏治。贾谊称俗吏之所为在于刀笔筐篋，而不知大体。是则然矣。然蒲鞭示辱谓之仁心，催科政拙谓之循吏，其果可理繁治剧欤？一道德以同风俗，始臻上治。乃或以轻财结党为义侠，豪健挠法为气节，以败俗而负美名。为长吏者，将何以辨别而诲导之欤？

积贮之法，不出常平、社仓。然常平丰敛而歉散，其制在于出陈易新。但逢谷贵而采买入仓，虑有强派之弊，谷贱而红陈召籴，恐滋勒贾之虞。何道而使仓庾常盈，间阎不累欤？抑藉社仓者，必皆贫户。倘所入之息不敌所出之数，是义举且渐废，使必按册而促之偿补，则追呼滋扰，善政反成作法之凉。将何以斟酌而归于实惠欤？

《书》称："刑期无刑，辟以止辟。"盖天地之道温肃并行，帝王之治恩威交济，固大异乎名法之家，而亦非徒博宽大之誉也。后世秉宪之吏，不知德礼刑政之同原，其于明罚敕法之道，未能权衡要于至当，岂咸中之治果难复见欤？将使惟明惟允，无纵无枉，以协于弼教之意，果操何道欤？

夫先资自献官之始也，敷奏以言古之制也。多士学古入官，于经世之略讲之有素，又新自田间来，于民生利弊知之必悉。其竭虑以对，无泛无隐，朕将亲览焉。

状元殿试卷

臣对：臣闻健运有常，天行所以成岁。日新不已，圣德所以宜民。盖纯修必惕于自强，斯至化克符于久道，是故盛王御宇，恒持之以不暇逸之心，而性量验其敷施，风声资其倡导，以足储待者酌盈虚之用，以慎简孚者昭出入之平，非徒致饰于治象已也。重熙累洽之朝，主极光亨，鸿施旁浃，物靡不得其所，亦既协气翔而休征应矣。而内勤缵绍则格被弥周，外肃纲维则训行益挚。盖藏素裕而倍殷先事之筹，惩创维严而愈广无私之照，所为殚精心以臻上理者，盖不胜其钦崇而劭愍焉。《书》曰："敕天之命，惟时惟几。"言人君者随时随事皆当戒饬，而不可不惟天是法也。《诗》曰："不显亦临，无射亦保。"言其凛鉴临于窹寐，而矢敬畏于几微者，要本此纯一不已之衷，以为之宰也。然则，恢扬郅治之隆，而欲使业焕钦明，政归丕变，厚生允殖，弼教惟光，是在至诚悠久之规，有以赅万化而默操其要矣。

钦惟皇帝陛下，道崇敷锡，志劭寅虔，普乐利于无言，协平成而有庆。固已骏烈宣昭，徽猷式著，综观前古无以逾斯。乃圣德渊冲，谘询弥切，复进臣等于廷，而策之以修治统、饬化原、广仓储、彰宪典之实。臣自维愚陋，乌足以知体要。然伊古对扬之盛，采择不废刍荛，敬承清问，敢就平日所诵习者以对。

制策有曰：《孟子》述道统之传，谓心法治法同条共贯，而因思保大定功之要，更有进于是者。此诚驭世经邦之首务也。臣闻宋程颐有言，帝王之学与儒生异尚，儒生循习章句，而帝王务得其要，以措诸事业，因未可规求于口耳之末，亦未得虚谈夫性命之微也。宋儒言学备于《性理》一书，观未发之气象，所以严省察于几希；推太极之动静，所以验机缄于阖辟也。而于王者，措正施行之道，或略而未之及焉。夫古者危微授受，即以致时雍风动之庥；缉熙光明，即以绍典谟承烈之绪。事功之与学问，岂不同出于一源？然欲即蕴蓄之深，以指为发抒之迹，则有难于等量观者。惟是后儒侈张事业，大抵驳而不纯。如永嘉学派，矜上下千古之识，而详于事者终略于道，诚难免乎朱子所讥。至真德秀《大学衍义》止于格致诚正修齐，而不及治平之经略，盖犹是经筵进讲，启沃身心之用，而非必薄视经纶，故为迂远之论也。方逢圣天子生知好学，统外王内圣而咸赅，洵足绍往圣之心传，而远迈诸儒之论说矣。虽媲美勋华，又何让焉。

制策又以化理本于民风，民风实由于吏治，而因及于诲导者之必严其辨别。此训俗型方之要，所宜亟讲也。臣惟化民者必习其业之所成，有时以清和咸理为良规，即有时以振刷维新为先务，此非示天下以武健之用也。儒者一行作吏，称述诗书，其视刀笔筐箧之流固非可以同日语。及试之簿书、繁剧之地，而心劳政拙，有茫然无所设施者，况夫顽悍刁狡之习往往而有。设徒效蒲鞭之小惠，而风力不足以镇奸民，声色不足以威敝俗，则儒术之疏曾何裨官方之重者乎？昔西汉之世，吏治蒸蒸，黎民乂安。而其以六条察二千石也，首列强宗豪右之禁。凡以使轻财结党豪健挠法之徒，举不得横断乡闾而矫持官吏。盖惟有德者能以宽服民，其次莫如猛，非惟事势之不齐，抑其理固如是也。是故王者慎简官僚以安民生，即以纠民愿。当此盛世，官方澄叙，政体精详，为长吏者宜何如整饬规模，俾夫败俗而负美名者争自濯磨，以期底于敦庞之化欤！

制策又以积贮之法不外常平、社仓，而虑夫法久之不能无弊。臣惟法无弊也，有不能善其法者，而弊生焉。则大约循乎积贮之名，而失乎积贮之实已矣。常平自耿寿昌、长孙平已行其法，意主乎丰敛歉散，而制在乎出陈易新。第相沿日久，而采买者不免强派之虑，召籴者亦恐滋勒买之虞，此岂弊之未易绝哉！亦难乎储蓄者之克酌其宜也。诚能收贮及时，不以那移而务支饰，则虽谷贵谷贱之异时，而仓庾常盈，闾阎亦无扰累矣。至如社仓之设，本为贫户通其缓急，春借秋敛，有便于民用，而仍无耗于公费，意至美也。乃或取息以偿，而所出者反浮于所入，则册籍亏欠之恒不免焉。将任其那延悬贷，而廪储虚旷，岁计遂多不足之形。将限以按户追呼，而逋积牵连民力，亦有难纾之患。所赖司其出纳者，审量于哀多益寡之宜，庶几善政之行，人蒙实惠而足食，裕民之举，非奉行故事比矣。我皇上轸念民艰，所以计其生全者至详且备，而郡邑蓄聚之制，尤为亟务。行见比户盈宁，屡丰告庆，有不熙熙耕凿，胥忘帝力之勤者乎？

制策又曰：天地之道温肃并行，帝王之治恩威交济，盖刑期无刑，辟以止辟。固唐虞三代之盛轨也。臣尝考《周礼》秋官之职，正月始和，乃悬刑象之法于象魏，使万民观之，凡以儆天下之愚不肖，而使之毋轻蹈于法也。夫名法之学，治世所不言，而宽大之誉，亦圣王所弗尚。后世秉宪之吏，昧于德礼刑政之同原，而权衡于以鲜当，不知先王之明罚而敕法者，具有慎重之意焉。防之于始，有五戒、五禁；审之于终，有三典、三刺、三赦、三宥、五听、五过、八成、八辟；待之于终，有三就、三居。至于秦汉，法网滋繁，禁条岐出，前之律不可以旁引，后之例不免于递增，亦势之无如何者。惟夫由详核而归简要，由简要而得精密，小惩而大诫焉，斯不得私为上下于其间矣。皇上仁如天、知如神，凡刑狱之事亲加审度，轻重悉由其人之自取，又复特谕法司，分别榜示，俾愚蒙咸知谨凛。盖与古者象魏之典一无以异。无他，明之至者慎之至，慎之至者爱之至也。

凡此者，敦厥躬以议道，靖尔位以同风，耕九必策其余三，惩一要期于儆百。其见诸事者不同，而其源则归于一也。臣伏愿我皇上，本所其无逸之心，勖政贵有恒之义，性功已著而尚凛绥猷，治具咸张而犹严励俗。不以阜成已兆，而宽藏富之怀；不以风纪咸清，而弛协中之训。于以茂扬醇化，覃治仁风。我国家亿载无疆之庆，基诸此矣。

臣草茅新进，罔识忌讳，干冒宸严，不胜战栗陨越之至。臣谨对。

光绪二十年（1894）甲午恩科　状元：张謇

张謇

张謇（公元1853年—公元1926年），字季直，号啬庵，江苏南通人。张謇自幼便聪慧好学，于清德宗光绪十一年（公元1885年）中举人。光绪二十年（公元1894年），张謇大魁于天下。

张謇状元及第后，被授予翰林院修撰。甲午中日战争后，社会上兴起"实业救国"的思潮。张謇也积极投身实业，于光绪二十一年（公元1895年）创办大生纱厂，随后又先后创办垦牧公司、油厂、铁冶厂、银行等十多家企业。张謇为中国近代民族工业的发展做出卓越的贡献，与此同时积极投身民族文化事业，从光绪二十八年（公元1902年）起，创办了多所学堂。

辛亥革命如火如荼进行时，清帝迫于历史大势宣布退位，张謇起草了清帝退位诏书。中华民国成立后，张謇任南京临时政府实业总长，后改任北洋政府农商总长兼全国水利总长，后又因袁世凯欲接受日本提出的"二十一条"并准备称帝，愤然辞官南还，重操实业。1926年张謇因病逝世，后人整理其文章得《张謇全集》。

取士情况

此次殿试是为庆祝慈禧太后六十岁寿辰而设立的恩科,在保和殿举行。殿试策问以河渠、经籍、选举、盐铁为题,张謇对答如流、论述详尽,一举夺魁。

本科取士314人,状元张謇,榜眼尹铭绶,探花郑沅。

殿试策问

奉天承运,皇帝制曰: 朕寅绍丕基,仰昊苍眷佑,兢兢业业,今二十年。恭逢皇太后六旬万寿,上维《鲁颂》寿母之诗,俯思《大雅》作人之化,特开庆榜,策试多士。又尝恭读康熙戊戌科圣祖仁皇帝策问:天子以义安海宇为孝,是以夙兴夜寐,勤求至理,政事之余,留意经术。圣训煌煌,为万世法。兹举河渠之要,经籍之储,选举之方,盐铁之利。揆时度势,酌古衡今。尔多士其扬榷陈之。

治水肇于《禹贡》。畿辅之地,实惟冀州,水利与农事相表里。后汉张堪为渔阳守,开田劝民,魏刘靖开车箱渠,能备述欤?至营督亢渠,引卢沟水资灌溉,能各举其人欤?唐朱潭、卢晖,宋何承矩,浚渠引水,能指其地否?元郭守敬、虞集议开河行漕,其言可采否?汪应蛟之议设坝建闸,申用懋之议相地察源,可否见之施行?能详陈利弊欤?

汉世藏书,中秘最善。刘向所校,仅名《别录》。至其子歆,始总群书而奏《七略》。传注所引,秩然可征。班志《艺文》,与刘《略》出入者何篇?魏晋以后,郑默《中经》,荀勖《新簿》,体例若何?梁华林园,兼五部以并录;隋修文殿分三品以收藏。唐承砥柱之厄,始付写官;宋籍建业之余,尽送史馆。此皆册府遗文,可资掌录。明《永乐大典》所收之书,今不存者见于何目?能备举以资考证欤?

选举为人才所自出。翰林以备顾问，六曹以观政事，县令以司赏罚，三者皆要职也。翰林始重于唐，其时学士出入侍从，参谋议，知制诰，能详其品秩欤？宋儒馆有四，地望清切，非名流不得处。其选用之制若何？六曹昉自《周官》，秦汉隋唐互有沿革，能陈其异同钦？晋制，不经宰县，不得入为台郎，而后世或缙绅耻居其位，或科甲无不宰邑，岂轻重各因其时欤？抑增重激劝，或得或失欤？

盐铁之征，始于管子。论者谓其尽取民利，而行之数千百年，卒不能废。至汉武帝用孔、桑之法，与管子异矣。其时所置盐官二十八郡，铁官四十郡，能指其地欤？终汉之世，屡罢屡复，其年代皆可考欤？唐贞元中，检校盐铁之利，其议发于何人？若第五琦、刘晏、裴休之论，固无足采欤？请引受盐，而商擅利权；禁民贸铁，而官多侵蚀，其流弊能指述欤？

凡此皆御世之隆谟，经国之盛业也。夫朕以藐躬，加于臣庶之上。受祖宗付托之重，惟思恪遵慈训，周知民隐，旁求俊乂，孜孜为治，以跻斯世于仁寿之域。尔多士各抒谠论，毋泛毋隐。朕将亲览焉。

状元殿试卷

臣对：臣闻善言天者尊斗极，善言治者定统宗。民生国计之利弊，不可节节喻也；学术人才之兴替，非必屑屑究也，要在道法而已。孔子之道，集群圣而开百王。其世所诵法大义微言，后千六百余年而复集成于朱子。宋臣真德秀尝本朱子之意，辑为《大学衍义》，自帝王治学，至于格致、诚正、修齐、得失之鉴，炳然赅备。是则三代、两汉以来，所为力沟洫、宏文章、兴贤能、裕食货者，必折衷于朱子之言而后是非可观也，必权衡以朱子之意而后会通可得也。

钦惟皇帝陛下，躬上圣之资，勤又新之德，而又开通言路，振饬纪纲。凡所谓《大学》之明训，前古之事迹，固已切究而施行矣。而圣怀冲挹，犹孜孜焉举河渠、经籍、选举、盐铁诸大端，进臣等于廷而策之。臣愚何足以承大对？然臣尝诵习朱子之言矣。朱子之言之具于其书，与真德秀所称引者，无一而非人君为治之法，人臣责难之资也。其敢不竭献纳之忱乎？

伏读制策有曰：治水肇于《禹贡》，畿辅之地实惟冀州，而因求水利与农事相表里之故。此诚今日之先务也。臣惟禹所治河，自雍经冀。冀当下流，故施功最先，非直以为帝都而已。自汉时河改由千乘入海，而冀州之故道堙。今畿辅之水，永定、子牙、南北运河、清河，其尤大者。东南水多而收水之利，西北水少而受水之害，岂必地势使然，亦人事之未至也。汉郡渔阳，当今密云，而张堪之为守，营稻田八千余顷。继是而往，魏刘靖开车箱渠，修戾陵堰。后魏裴延俊、齐稽华辈亦先后营督亢渠，引卢沟水以资灌溉。迹虽陵谷，而事皆较然。宋何承矩，唐朱潭、卢晖之旧，于雄莫霸州，平永顺安诸军，筑堤六百里，置斗门引淀水，既巩边圉亦利民焉。元世郭守敬、虞集并讲求水利。郭之所议，今之通惠河也，虞议则至正中脱脱尝行之。而明汪应蛟之议设坝建牐，申用懋之议相地察源。其所规画与郭、虞相发明，当时固行之而皆利矣。夫天下之水随在有利害，必害去而利乃兴。而天津则古渤海，逆河之会，百川之尾闾也。朱子曰：治水先从低处下手。又曰：汉人之策，留地与水，不与争。然则朝廷所欲疏瀹而利导之者，其必先于津沽岔口加之意已。

制策又以汉世藏书，中秘最善。而因考证自汉至明册府遗文可资掌录者。臣惟成周外史坟典、藏史简册，虽经秦而煨烬，而兰台、东观秘籍填委，固道术之奥而得失之林也。刘向校书，条篇奏录；子歆《七略》，疏而不滥。而班志《艺文》，书、礼、小学、儒、兵、诗、赋诸篇，时有出入。虽不尽无当，而总扬雄三书为一序，郑樵嗤其踬焉。魏晋代兴，采撷残阙，则有郑默《中经》，荀勖《新簿》，编分四部，总括群书。而梁之《华林园目录》，五部并列；隋之修文殿副本，三品分藏。盛矣！逮唐之初，砥柱一厄；迄宋开宝，建业再征。由是而写本易为摹印，史馆益便其搜罗。明《永乐大典》散失，所存犹二万余卷，其中佚文秘典世无传本，见于《文渊阁书目》者，今皆裒辑成编矣。朱子云：不求于博，何以考证其约。又谓：古今者时，得失者事，传之者书，读之者人，而能有以贯古今之得失者仁也。皇上留心典籍，以为政本，岂与夫词臣学子，务泛览为淹通哉？

制策又以选举为人材所自出，因考累朝翰林、六曹、县令之轻重。臣惟今世所称清班美授者，翰林之官也。翰林之置始唐开元，学士只取文学之人，自诸曹尚书至校书郎，皆得与选。延觐之际各超本班，内宴则居宰相之下，一品之上，无定秩，无定员。宋凡昭文馆、史馆、集贤院、秘阁各置直官，与其选者为修撰、校理、校勘、检讨，非名流不预焉。迨用为恩除，而参谋议、纳谏诤、知制诰之本意失矣。且不精其选，而苟焉以试除官，亦朱子所谓上以科目、词艺为得人，下以规绳、课试为尽职而已。六曹昉自《周官》。秦不分曹，而置尚书四人，汉有五曹，后更为六。隋唐因之，置侍郎、郎中、员外郎，分掌曹事，沿以至今。固天下庶政之橐籥也，官多而事棼，又不如朱子所论三参政兼六曹，而长官自择其僚之为当矣。县令为最亲民之官。晋制，不经宰县，不得为台郎。后魏之季，用人猥杂，而缙绅士流耻居其位。宋初，或以京朝官为之，积久更弊，乃议所以增重激劝之法。至庆元朝重邑令，而科甲咸宰邑焉。朱子曰：监司不如郡，郡不如县，以其仁爱之心无所隔而易及民也。真治天下之本也。国家设官求贤，傥宜咨访于无事之时，参量于始用之日乎？

制策又以盐铁之征，始于管子，行之数千百年卒不能废，而因切究其流弊。臣惟盐铁之弊，若准诸古而穷其阴斁民利之术，虽管子不免为圣王之罪人。而沿之今，而犹为取诸山泽之藏，则孔、桑且可从计臣之末减。汉武帝所以入孔、桑之说，而置河东、太原等盐官二十八郡，置左冯翊、右扶风、颍川等铁官四十郡者，方张边功，急军旅之费也。利窦一启，更无可塞。虽始元、地节之议减，初元、永元之议罢，而永光、永平旋踵即复焉。唐贞元初，刘彤请检校海内盐铁，而第五琦、刘晏、裴休继之，当时军镇赖以赡给，晏所为出盐乡，因旧监置吏亭户，粜商人，纵其所之，与朱子论广西盐法随其所向则价自平者有合，愈于琦、休之为议矣。夫受引盐者商，而夹私居奇者即商也；禁贸铁者官，而侵蚀贿纵者即官也。流弊不胜穷，况征有出于盐铁之外者耶？皇上轸恤民艰，其必从朱子罢去冗费，悉除无名之赋之说始。

且夫民生至重也，学术至博也，人才至难也，国计至剧也。朱子谓四海之广，善为治者乃能总摄而整齐之。而壬午、戊申封事，则要之于格物致知，以极夫事物之变，推之至谏诤师保，而归本于人主之心，其言尤恳切详尽焉。臣伏愿皇上万几余暇，留心于《大学衍义》，而益致力于朱子之《全书》，以求握乎明理之原，而止于至善之极。将见川浍治而农政修，图书集而法训备。广选造之路而壹平内外轻重之畸，权征榷之方而必祛旦夕补苴之计。斯治日进于古，而我国家亿万年有道之长基此矣。

臣末学新进，罔识忌讳，干冒宸严，不胜战栗陨越之至。臣谨对。

光绪三十年(1904)甲辰恩科　状元：刘春霖

刘春霖

刘春霖(公元1872年—公元1944年)，字润琴，号石云，直隶肃宁(今河北肃宁)人。他虽出身寒门，但胸有沟壑，肄业于直隶保定莲池学院，师从晚清著名学者吴汝纶近十年。清德宗光绪二十八年(公元1902年)，刘春霖中举，但在第二年的会试中名落孙山。他为求生计，经推荐到陶世筠家中当幕僚。在陶家期间，陶氏呈给慈禧太后的奏折都是出自刘春霖之手，他的行文严谨工整，受到慈禧太后的赏识。

刘春霖状元及第后，被授予翰林院修撰。光绪三十三年(公元1907年)，赴日本东京政法大学留学，宣统元年(公元1909年)归国。中华民国成立后，刘春霖曾在袁世凯大总统府任职。1934年，伪满洲国重金招揽他，被其断然拒绝。日本全面侵华后，大汉奸王揖唐用高官厚禄诱他投降，被其严词呵斥。此后，刘春霖隐居家中，1944年因病去世，留有《六十自述诗》。

取士情况

光绪三十年（公元1904年），慈禧太后正值七十寿诞，设立恩科考试。此次殿试在保和殿举行，刘春霖一举夺魁。自此之后，科举制度废除，刘春霖成为中国历史上的最后一位状元，成为"第一人中的最后一人"。

本科的策问以察吏、治军、理财、励士为题，刘春霖提出关注民间疾苦以及目前的军事武器抵不过帝国主义的洋枪大炮，应开源节流等问题。这一切都是其他应试者不敢言说的问题，他却能一针见血地指出。据传言，刘春霖高中状元是因为他的名字吉利，有"春风化雨，普降甘霖"之意；另有传言慈禧太后十分熟悉他的笔迹，所以直接钦点他为状元。这些说法自然是不太可信的。

本科取士273人，状元刘春霖，榜眼朱汝珍，探花商衍鎏。

殿试策问

制曰：朕诞膺大宝，今三十年，仰承列圣之诒谋，恪秉慈闱之懿训，宵旰忧勤，无时不以民事艰难为念。本年恭值皇太后七旬万寿，庆榜特开，冀求时彦集思广益，以沃朕心。尔多士其扬榷陈之。

君人之道，子育为心，虽深居九重，而虑周亿兆。民间疾苦，惟守令知之最真。汉以六条察二千石，而以察令之权寄之于守。此与今制用意无殊，而循良之绩，今不如古，粉饰欺蔽之习，何以杜之？世局日变，任事需才，学堂、警察、交涉、工艺诸政，皆非不学之人所能董理。特欲任以繁剧，必先扩其闻见。陶成之责，在长官。故各省设馆课吏，多属具文。上以诚求，下以伪应，宜筹良法以振策之。汉制，县邑丞尉多以本郡人为之，犹有《周官》遗意，其法尚可行否？

三代之制，寓兵于农。自井田沟洫之法废，遂专用征兵。盖因时而变，各得其宜欤？汉高祖设轻车骑士、材官楼船，常以秋后讲肄课试。三者各随其地之所宜，盍析言之。唐初置府兵，中叶府兵制坏，专用征兵，能详陈其得失利弊欤？宋韩琦之议养兵，苏轼之言定军制、练军实，最为深切著明。能以今日情势互证之欤？兵强于学，学兴于教，环球列邦，多以尚武立国。知兵之选遍于士夫，体育之规基诸童稚，师人长技，可不深究其原欤？

《周礼·太宰》以九式均节财用，注云：式谓用财之节度，职内掌邦之赋入，职岁掌邦之赋出。此与各国之豫算、决算，有异同否？苏轼之策理财，谓天下之费，有去之甚易而无损，存之甚难而无益。曾巩之议经费，谓浮者必求其所以浮之自而杜之，约者必本其所以约之由而从之。皆扼要之论，能引申其旨欤？节流不外省冗费、裁冗官，施行之序，能筹其轻重缓急欤？开源之法，以农工商该之。今特设专部，悉心区画，整齐利导之方，能缕陈欤？

士习之邪正，视乎教育之得失。古者，司徒修明礼教，以选士、俊士、造士为任官之法。汉重明经，复设孝廉、贤良诸科，其时贾、董之徒最称渊茂。东汉之士以节义相高，论者或病其清议标榜。果定评欤？唐初文学最盛，中叶而后，干进者至有求知己与温卷之名。隆替盛衰之故，试探其原。宋世名儒毕出，各有师承，至于崇廉耻、敦气节，流风所被，迄有明而未衰。果人能自树立欤？抑师道立而善人多欤？今欲使四海之内，邪慝不兴，正学日著，其何道之从？

凡此皆体国之宏纲，济时之要政也。多士博览古今，通经致用，其各真言无隐，朕将亲览焉。

状元殿试卷

臣对：臣闻王者不吝改过，故盛世有直言极谏之科；学者义取匡时，故贞士有尽忠竭愚之志。昔汉文帝除诽谤之法，而后贾山、贾谊争致其忠悫之谟；武帝崇尚儒术，诏举贤良，而后董仲舒、严安、徐乐之徒群集于阙下；宋仁宗复制举诸科，除越职言事之禁，而后苏轼、苏辙对策极言时政阙失。其于任官治兵之要，裕财正俗之方，类能指陈利害，上广人主聪听，下系四海安危，非仅在词章之末也。夫殷忧所以启圣，多难所以兴邦，势有必然，理无或爽。

钦惟皇帝陛下，践阼以来，勤求治道，惟日孜孜者，三十年矣。然而，治效未彰，外患日亟，意者因时制宜之道或有未尽欤？乃者临轩试士，冀得嘉谟，举察吏、治军、理财、励士诸大政，进臣等于廷而策之。臣愚陋，何能与此。顾自幼学以来，亦尝究心于治忽之原，考求乎中外之故，怀欲陈之而未有路，兹承大对，谕旨勉以直方无隐，何敢饰辞颂美而不竭其款款之愚？

伏读制策有曰：君人之道，子育为心，而因求简贤辅治之法。此诚安民之急务也。臣惟民间疾苦，惟守令知之最真，故欲平治天下，必自重守令始。昔汉以六条察二千石，而以察令之权寄之于守，此与今制用意相同。然汉代循良之吏，后先相望，而今治效不古若者，岂非粉饰欺蔽之习有所未除乎？欲杜粉饰欺蔽之习，在通上下之情。长官勤求民隐，不敢自尊，则属吏清慎自持，不敢作伪，自然之理也。且夫今之守令，其任较前世为尤重，其事较古时为更繁，何也？世局日变，万政待兴，举凡学堂、警察、交涉、工艺诸政，皆非不学之人所能董理。将欲任以繁剧，必先扩其见闻，是在长官加意陶成，俾咸具溥通之知识，而后委之以任而不惑，责之以事而不迷，纲举目张，不劳而理。今各省虽设馆课吏，多属具文，岁月一试，不过较文字之工而已。政绩何由而成，循声何由而著耶？汉制，县邑丞尉多以本郡人为之，利弊其所夙悉，故治效易彰，此《周官》遗意，其法似可仿行。果能博采公论，慎选贤绅，于治必有裨补，不必过为疑也。皇上澄清吏治，必先通上下之情，此不得不因时制宜者一也。

制策又以三代之制，寓兵于农，因详究历代兵制之得失。臣谨案：井田沟洫之法废，遂专用征兵。汉高祖设轻车骑士、材官楼船，常以秋后讲肄课试，各随其地之所宜。唐初置府兵，中叶以后，专用征兵。宋韩琦之议养兵，苏轼之言定军制、练军实，皆深切著明。今日环球列邦，多以尚武立国，知兵之选遍于士夫，体育之规基诸童稚。夫兵凶战危，自古为戒。故孔子以军旅未学辞卫灵公，诚以穷兵不已，终至于乱。左氏亦言："兵犹火也，不戢将自焚。"然自有国家以来，必不可一日去兵，此非第羽翼爪牙之说也。如人身然，血肉既具，必有气力以贯注之，而后足以发挥其精神，以生存于万类竞争之世。人身之气力不足，则血肉有壅滞溃败之忧，而精神亦无所附丽。是以，由唐虞三代以至于宋明数千年来，无不以兵制为急务。乃世之论者，动是古而非今，辄谓人民岁输数千万之资财，以养此坐食骄惰之兵，固不如古者寓兵于农之善。不知天下之事，皆日趋于变。况以今日群雄角逐，战术之变幻，器械之精利，虽日召其兵而教练之，犹未必胜人，而谓集氓隶于行间，驱之以临战阵，庸有幸乎！然则，兵者固必教之于平时，而又既精且多，然后可并立于群雄之间，所谓气力充而精神焕矣。皇上整军经武，士卒以知学为先，此不得不因时制宜者二也。

制策又曰：《周礼·太宰》以九式均节财用，而因求节流之法。臣谨案：职内掌邦之赋入，职岁掌邦之赋出，此即近世各国所谓豫算、决算也。昔苏轼之策理财，谓天下之费，有去之甚易而无损，存之甚难而无益。曾巩之议经费、谓浮者，必求其所以浮之自而杜之；约者，必本其所以约之由而从之，皆扼要之论。然臣谓理财于今日，节流不如开源之尤要。盖自通商以来，利源外溢，虽百计节省，而无救于贫。开源之道，在振兴实业。中国神皋沃壤，幅员纵横寥廓，且地处温带之下，百物皆宜，则当讲求农事。人民四百兆，善耐劳苦，而且心思聪敏，中外交通以后，闽粤濒海之人，类能仿造洋货，果其加意提倡，不难日出新制，则宜振兴工艺。欧西以商业之胜衰为国力之强弱，轮帆交错，以争海外利权。中国商业不兴，漏卮日巨，欲图抵制之道，则宜扩充商务。如此则野无旷土，市无游民，精华日呈，然后利权可挽。皇上慎乃俭德，而尤必广辟利源，此不得不因时制宜者三也。

制策又以士习之邪正，视乎教育之得失，因欲范围多士，使四海之内邪慝不兴。此今日学界之要图也。臣惟古者司徒修明理教，以选士、俊士、造士为任官之法。汉重明经，复设孝廉、贤良诸科，其时贾、董之徒最称渊茂。东汉之士以节义相高，而不免清议标榜之病。唐初文字最盛，中叶而后，干进者至有求知己与温卷之名而士习大坏。宋世名儒辈出，各有师承，至于崇廉耻、敦气节，流风所被，迄有明而未衰。虽其人能自树立，亦以教学相勉，师道立而善人多也。夫大道载于六经，而伦理先乎百行。今日浮荡之士未窥西学，已先有毁裂名教之心，故欲正人心、端士习，必以明伦为先。欲明伦理，必以尊经为首。此即国粹保存之义。皇上倡明文教，必以经学正其趋，此不得不因时制宜者四也。

凡此四者，皆保世之闳规，救时之要务。荀子曰："法后王。"董仲舒曰："为政不调，甚者更张。"乃可为理，夫使时移势异，而犹拘守成法，此《吕氏春秋》所讥"病变而药不变者也"。自古有治人无治法，故孔子曰："为政在人，取人以身。"臣尤伏愿皇上懋学修身，以为出治之原，然后用人行政，天下可以安坐而理也。故有汤武而后有伊吕之臣，有尧舜而后有勋华之业。由是以课官，而官无不职；以治兵，而兵无不精；以理财，而度支无匮乏之忧；以励学，而士林作忠贞之气，则我国家亿万年有道之长基此矣。

臣末学新进，罔识忌讳，干冒宸严，不胜战栗陨越之至。臣谨对。